JN063934

弁護士に学ぶ
シリーズ

弁護士に学ぶ!

債権回収のゴールデンルール

迅速かつ確実な実践的手法〔第2版〕

弁護士 奥山倫行 著

発行 ㊝ 民事法研究会

第２版はしがき

本書の初版の発刊から７年の歳月が過ぎ、多くの方々に本書を手にとっていただくことができました。また、読者の方々からいただいた感想も、私自身の債権回収についての姿勢や考え方を見直す貴重な機会になりました。

読者の皆様、出版社の担当者、その他お世話になっている皆様に、この場を借りてあらためて感謝と御礼を申し上げます。ありがとうございます。

さて、このたび、第２版という形で改訂版を発刊させていただくことになりましたが、改訂作業に取り組ませていただくに至った理由としては、大きく２つあります。

理由の１つ目は、初版の発刊後に蓄積されてきた債権回収に関する知恵やノウハウを盛り込むためです。初版の発刊から６年の間、私は引き続き札幌を中心として弁護士業務に携わってきました。この間、事務所の顧問先や関与先の数も増え、業務の量や種類も増え、事務所のメンバーも増え、そのような事務所の変化に伴い債権回収に関する案件数も増加してきました。債権回収の案件には、創意工夫が求められます。私も、事務所の他のメンバーといっしょに、あの手この手と、苦心しながら日々の対応を進めています。あの手この手が功を奏する場合もあれば、そうではない場合もあるわけですが、結果にかかわらずその分の知恵は蓄積されていきます。特にこの６年間を振り返ると、スマートフォンの普及、SNS サービスの浸透、仮想通貨の普及等により、世の中の状況も変わってきました。世の中の状況が変わってきたら、債権回収の現場でもそれに合わせた新しい工夫が求められるのです。そのため、今回の改訂では、そのような日々の業務の中で培ってきた新しい知恵やノウハウを加筆させていただきました。

理由の２つ目は、改正された民法の内容を盛り込むためです。債権回収の場面では、民法の定めるルールを意識したり、使用したりすることが不可欠です。ところが、民法は明治29年（1896年）に制定された古い法律で、約120年間にわたってほとんど改正されておらず、時代に合った内容になっていませんでした。このたび、約120年ぶりに債権関係の規律が改正され、2020年４月１日から施行されたのですが、当然のことながら、その中には、保証契約の見直しや、短期消滅時効の廃止など、債権回収実務に大きな影響を与える内容が含まれています。そのため、改正民法の内容を踏まえた変更点についても、捕足させていただきました。

債権回収は生き物です。時代が変わり、新しい制度や取引形態が生まれると、それに合わせて、新しい工夫や新しいノウハウが求められます。もちろん、オーソドックスな債権回収手法をマスターすることは欠かせません。何事も基本が重要といいますが、これは債権回収の現場でも変わりません。新しい理論や工夫だけを取り入れても、それを支える土台というか基礎がしっかりと身に付いていなければ実効的な債権回収を行うことはできません。ただ、他方で、状況は日々刻々と変わっていきます。オーソドックスな債権回収手法だけで対応を進めているのでは不十分です。大切なのは基本と応用の融合ということで、初版では、オーソドックスな債権回収手法を中心に解説させていただいたつもりですが、第２版では時代の変化に応じた知恵やノウハウも盛り込ませていただきました。読者の皆さまが、１つでも２つでも多くの知恵やノウハウを見つけ、参考にしていただけることを願っています。

2020年５月吉日

奥山倫行

はじめに
1円でも多くの債権を1秒でも早く回収するために

弁護士として債権回収の現場に10年以上携わってきました。

弁護士になって最初の5年間は主に大企業の案件を扱う東京の大規模渉外事務所に勤務していました。そこでは、大企業をクライアントとして回収金額も大きな債権回収案件を数多く経験することができました。

次の5年間は故郷の札幌で独立して自分たちの事務所を開業して業務を行ってきました。そこでのクライアントの中心は中小企業・個人事業者になり、回収金額もクライアント層も幅広く多様な債権回収案件を経験してきました。

日々の業務の中で「先生、債権が滞ってしまって……」とか、「債権回収の件で困っていて……」とか、「債務者が連絡にすら出なくなってしまって……」などといった相談を受けています。

これらの債権回収の相談のほとんどは突然舞い込んできます。突然、電話がかかってきて「先生！ 大変なことになりました！」などと言われます。慌てて打合せを行ってお話をうかがってみると、債権の回収が滞ってしまっています。このまま債権回収ができなければ、倒産、解雇、一家離散、夜逃げといった不幸な言葉の連鎖が頭をよぎる状況に陥ります。

さらに、どうしてそのような状況に陥ってしまったのかについて詳しく事情を聞いていくと、「もっと早い段階でできることがあるのに、どうして……」とか、「なるほど、そういう考え方だから債権が滞ってしまうのではないか……」などと感じることがほとんどです。
多くの企業や事業者の方々は、自分たちでできる限りの手を尽くして債権回収を行おうとするものです。自分たちで手を尽くして、周りの人にも相談して、それでも回収できなくて、もうどこにも相談する人がいなくて、困り果てて、弁護士に相談しにいらっしゃいます。

ですが、日々債権回収に取り組んでいる弁護士の立場からすると、実は弁護士に相談に来る前にできることはまだまだたくさんありますし、そして、それができればそもそも時間や費用をかけて相談する必要がないような場合も多いと感じるのが実情です。
また、日頃から本書で紹介する実践的な債権管理の工夫を行っていれば、そもそも債権の焦げ付きを防げたかもしれませんし、かりに債権の焦げ付きが生じたとしても慌てることなく、しっかりと債権を回収することができたかもしれないと感じることも少なくはありません。
債権回収は多くの企業や事業者にとっての生命線です。1社でも多くの企業や事業者の転ばぬ先の杖として、また、有事のときの備えとして、本書が少しでも世の中の役に立てることを願っています。

2014年3月吉日

奥山倫行

目　次

第１章

債権回収の心掛け
～１円でも多く！　１秒でも早く！～

債権回収の備え ～回収率を高める「転ばぬ先の杖」～

目次

第3章

債権回収の工夫①
～工夫を凝らして迅速かつ確実に～

第4章

債権回収の工夫②
～少し発想とやり方を変えてみる？～

第5章

弁護士による債権回収のノウハウ　Q&A

目次

第１章

債権回収の心掛け
～１円でも多く！
１秒でも早く！～

多くの債権回収の書籍では、債権回収の手法についての説明が大部分を占めていて、債権回収の心掛けについてはあまり触れられていないように感じます。

しかし、債権回収を行ううえで大切なことは、どのような手法で債権回収を行うかよりも、どのような心掛けで債権回収にのぞむかということです。この点を意識せずに債権回収を進めて、思うように債権を回収できずに悩んでいる方が多くいらっしゃいます。

私は日々の相談業務の中で、「あ〜！ その発想が駄目です！ だから債権が回収できないのだと思いますよ……」、「そんなことを言っていたら回収できません」、「回収するためにはこう考るべきだと思います」といったアドバイスを繰り返しています。

１円でも多く、１秒でも早く債権回収を行うための効果的な手法やノウハウはたくさんあります。もちろん、それらの手法や具体的なノウハウについても後に紹介させていただきますが、それらの手法やノウハウを駆使するにあたって、その前提となる正しい認識と望ましい心掛けが備わっていなければ、それらの手法やノウハウも絵に描いた餅にすぎません。

繰り返しになりますが、債権回収の手法も確かに大切ではありますが、それよりもまずは債権回収を進めるにあたっての正しい認識と正しい心掛けをもつことが大切です。

そこで、まずは債権回収を進めるにあたって備えていただきたい心掛けを確認していきましょう。

1. 債権回収は誰がどのように行う?

(1) 債権回収を進めるにあたって最初に確認すべきことは?

債権回収を進めるにあたって初めに確認すべきことは、誰がどのように債権回収を進めていくかです。

たとえば、あなたが保有している債権が焦げ付きそうなとき、あるいはあなたの保有している債権が焦げ付いたときに、あなたは誰に相談しますか。この質問に対して、いろいろな答えがあるとは思いますが、「弁護士に相談する」という答えも多いかと思います。

確かに、債権回収には法的な知識や経験が必要とされますし、法律の専門家でなければ対応が困難な手続を用いなければならない場面も多いとは思います。

弁護士はさまざまな業種・業態の債権回収をさまざまな手続を駆使して行っており、それぞれが培ってきたノウハウや経験を有していますので、自分で債権回収を行うよりはより実践的な方法で、かつ適時に適切な方法を駆使して債権回収を行うことが可能ではあります。

ですから、「弁護士に相談する」という回答自体は間違いではありません。

ただ、問題は弁護士に相談した後にどのように債権回収を進めるかです。「弁護士に相談してしまえば、あとは任せてしまっても大丈夫だ」、「弁護士に依頼したから、あとは回収を待つだけだ」などと考える方もいると思います。

しかし、このようなスタンスでは、真に効果的な債権回収を進めることはできません。たまたま運よく回収にたどり着くことがあるかもしれませんが、そのようなケースのほうが少ないと思いますし、いつでも運よく回収にたどり着けるとは限りません。

［図１―１―１］（弁護士任せの債権回収）をご覧ください。債権者は弁護士に債権回収を依頼したことで安心しきってしまっています。そして、債権回収の主体が弁護士になってしまっています。弁護士は法律の専門家ではあっても、債権回収に最も利害関係を有する当事者そのものではありません。

もちろん、法律の専門家として、法的知識と経験を駆使して全力で債権回収を進めてくれるはずです。また、法的手続を用いて債権回収を行うのであれば、法律の専門家である弁護士に依頼して進めるのが最善です。

しかし、本書で紹介するノウハウは、法的手続を用いた債権回収だけではありません。債権回収を進めるにあたり、法的手続を用いたオーソドックスな債権回収手法だけではなく、債務者の情報を収集して交渉の中で活用したり、普段の取引の中で債務者にプレッシャーを与えたりといったさまざまな手法を駆使して債権回収を実現していくことをめざしています。

そのような視点を前提とすると、弁護士任せのスタンスで債権回収にのぞむという心掛けは決して望ましいものではありません。

［図１―１―１］　弁護士任せの債権回収――×当事者意識が薄い

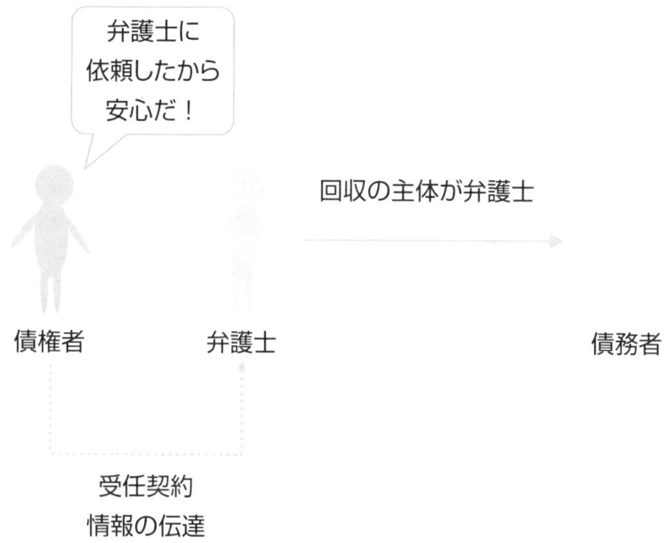

(2)　当事者意識を強くもつことが債権回収の明暗を分ける！

なぜ、そのようなことがいえるかというと、どれくらい当事者が本気になって、どれくらい強い当事者意識をもてるかが、債権回収の成果を大きく左右するからです。債権者本人の当事者意識の強弱が債権回収の成果を大きく左右するのです。

債権回収は時間との戦いです。時間が経てば経つほど、回収率は低下していきます。そのような中で、債権者が粘り強く、根気強く、時間をかければかけるほど、回収率は高まっていきます。最も時間をかけることができるのは、債権回収に最も利害を有している債権者本人にほかなりません。

また、債権回収は情報戦です。1つでも多くの情報を入手した人が1円でも多くの債権を回収することができます。最も多くの情報を入手することができるのも、債権回収に最も利害を有している債権者本人にほかなりません。

他方で、弁護士はほかにも多くの案件を抱えているので、1つの債権回収案件だけに24時間を費やすことはほとんど不可能です。また、弁護士はこれまで債務者と取引を行ってきたわけではないので、依頼を受けた段階から、債権者本人からの聴取りやそれ以外の方法で情報収集を始めなければなりませんし、依頼を受けた後に取得できる情報量も限られています。さらに、弁護士は第三者的な立場での関与になるので、当事者が発揮する粘り強さや根気強さと比べると、どうしても劣ってしまいます。

もちろん弁護士も業務として全力で対応してくれるとは思います。ただ、当事者意識という点では、どうしても当事者そのものである債権者本人とは意識や費やすことができる時間に大きな差があるのです。この当事者意識の差が一刻、そして1円を争う債権回収の現場では、回収できる債権額に大きな差を生みだすことになりかねません。まさに当事者意識の差が明暗を分ける。それが債権回収の現場です。

(3) 債権回収を進める主体はあくまで債権者自身であると考える！

そのため、より実のある債権回収を行うためには、債権回収の主体はあくまで債権者本人であると考えていただくことが大切です。

そして、弁護士は債権者を法的な面でサポートしながら債権者といっしょに債権回収を進めていくサポーターという位置づけでとらえていただくくらいがちょうどよいと思います。

あくまで当事者である債権者が主体となって、専門性が要求される必要な手続の一部を弁護士に相談したり依頼したりしながら、債権回収を進めていくことこそが、債権の回収率を高める最初の、そして最も大切なポイントです。

［図1―1―2］　債権者主導の債権回収――〇当事者意識が強い（本書のスタンス）

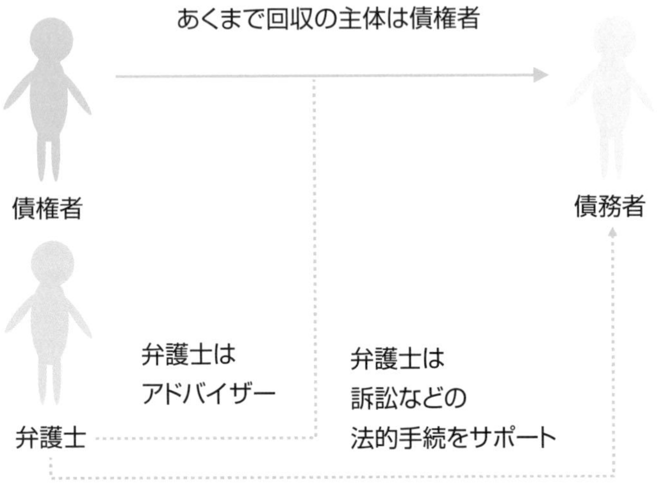

あくまで回収の主体は債権者

債権者

債務者

弁護士

弁護士は
アドバイザー

弁護士は
訴訟などの
法的手続をサポート

2. 支払いが滞りそう？ 支払いが滞った？ 悪いのは誰？

(1) 支払いが滞るのは誰のせい？

たとえば、あなたが保有している債権に対する債務者からの支払いが滞ってしまったとします。この場合、悪いのは誰でしょうか。

真っ先に頭に思い浮かぶのは、債務者だと思います。そうですよね。支払わない債務者が悪いのは間違いありません。債務者が約束通り支払ってくれれば、何も問題は生じません。ですから、債権の滞りが生じたときに悪いのは債務者だというのは当然の感覚だと思います。

でも、このように考えた方は注意が必要です。債権の回収に危険信号が灯っていると考えてください。普通に考えると自然な考えではありますが、債権回収の現場では、このような考え方は決して望ましいものではないのです。

「え？ どういうこと？」と疑問に感じる方もいるかもしれませんが、債務者が悪いといって、債務者のせいにしているようでは、債権回収は功を奏しません。債務者よりももっと悪いのは、そこで債務者のせいにする債権者自身であると認識してください。

(2) 支払いが滞る原因は債権者の側にある！

債権回収業務を進めるにあたっていつも感じるのは、支払いの滞りが生じてしまう原因は債権者にもある場合が多いということです。

債権者の側の日頃の債権管理がずさんだったり、明らかに詐欺的取引にもかかわらず債権者が疑わずに取引を進めてしまった結果、支払いの滞りを生じさせてしまったりと、債権者に原因がある例をあげると枚挙に暇がありません。

人間の心理は不思議なもので、一度、支払いが遅れてしまうと、「次も遅れても大丈夫じゃないか？ 大したことにはならないのではないか？」といった気持が芽生えがちです。債権者の側でも、取引先にきちんと請求書を送っていなかったり、取引先に対する債権額を正確に把握していなかったりする例もよく目にします。

もちろん十分な債権管理を行っている場合や、十分に注意をして慎重に取引を進めていても、巧妙な詐欺的な取引にひっかかってしまう場合もあります。でも、支払いの滞りが生じたことを相手のせいにしたところで、債権が回収できるとは限りません。相手のせいにするという発想は感情論です。債権回収の現場で、感情論を主軸においてしまうと、冷静な判断や適時的確な対応ができなくなってしまい、結果的に債権回収の成果を得られないことが多いように思います。

ですので、まずは一度冷静になって、債権者自身が自分の落ち度を考えてみることが大切です。支払いが滞りそうになったり、実際に支払いが滞ってしまったりすると、誰しも頭に血が上りがちです。「信頼して取引したのに……裏切りやがって……」、「どうして支払わないんだ！　苦しいのはそっちだけじゃないんだぞ！」といった感情論に流されがちなのです。実際に私のクライアントの中にも「先生！　とんでもない奴なんです！」、「絶対許せないんです！」、「何としても回収したいんです！」、「あいつだけは許せないんです！」と血気盛んにお話しになる方がいます。

ですが、債権回収の目的は、債務者を責めることでもなければ、債務者を罵ることでもなければ、債務者に仕返しをすることでもありません。支払いが滞ってしまった債権を１円でも多く、１秒でも早く回収することです。感情論に走ってしまうと目的を見誤る可能性が高くなります。最大限の目的を達成するためには、ひと息ついていったん冷静になり、債権回収の戦略を立てて、腰を据えて淡々と債権回収を進めることが必要です。感情論に走ると目標がぶれてしまいます。目標がぶれてしまうと目的までの道のりもぶれてしまいます。必要なのは、本当にやらなければならないことや、本当にやるべきことを見定めて、実直に、そして淡々と進めていき、最終的に１円でも多くの債権を回収することです。

まずは今目の前で起きている現実を誰かのせいにするのではなく、債権者である自分自身のせいにして考えてみてください。そのことで、いったん、多少なりとも冷静になることができるのです。感情的になるのではなく、冷静にならなければ、状況に応じた適切な判断をすることはできません。状況に応じた適切な判断をしたうえで、経済合理性を考慮しながら、最も効果的な方法を採用していくことが大切です。

［図１―２］　債権が滞りそう？　債権が滞った？　悪いのは誰？

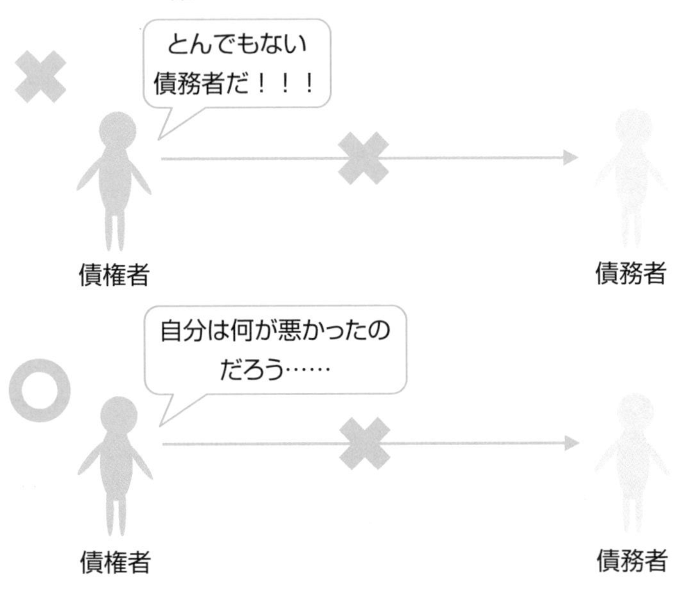

3. まずは兜の緒を締める

(1) 大切なのはどれだけ本気になることができるか！

債権の回収率を高めるために必要な要素は「スピード」と「しつこさ」と「粘り強さ」です。債権回収が功を奏するかどうかは、どれだけ本気になることができるかにかかっています。

誰しも日々の生活の中でやらなければならないことがたくさんあります。大企業に所属していて、日々、債権回収のことばかりを考えていればよい立場の方は別として、中小企業の担当者や個人事業者は日常の多くのルーティーンの仕事を抱えているのが通常ではないでしょうか。

なかには「暇で、暇で……」という方もいるかもしれませんが、そのような人は例外だと思います。平社員、係長、課長、会社員、部長、社長、個人事業主など、役職や立場にかかわらず、現代人は忙しく過ごしている人がほとんどです。皆「毎日忙しいな……」とか「あっという間に1日が終わってしまったぞ……」などと感じながら過ごしています。

人間は忙しい状況になると、精神的にも、時間的にも余裕がなくなります。そのような状況の中では債権が滞ったとしても、「まあ、仕方がないか……」といった程度の気持しかもてない場合も少なくないかもしれません。

でも、このような考えが頭に浮かんだときは、この債権を獲得するために、どれくらいの人がどれくらいの汗を流したのかを想像してみてください。

たとえば、営業部門と債権回収部門が異なる会社の場合だと、営業部門の社員が汗水流して債務者に販売した商品の代金債権が滞ったとしても、債権回収部門の社員は日常のルーティーンワークの１つなので、そこまで本気になれないかもしれません。でも、そのようなときは営業部門の社員がどれくらい苦労して商品を売ったかを想像してみてください。同じ仲間の汗や努力を無にしないためにも、債務者に不労所得を生じさせないためにも、１円でも多くの債権を回収するために本気になってください。想像力を駆使してどれくらい本気になれるかが、債権回収の分かれ道です。

当たり前のことではありますが、債権者が本気になればなるほど、債権の回収率は高まります。大事なのは、いかにモチベーションを高めて本気になるかです。

(2)　必要なのは臨戦態勢のモチベーション！

債権回収を進めるにあたり、とにかく一度「兜の緒を締める」必要があります。勝って兜の緒を締めるということわざがあります。勝った時こそ、気持を引き締めて油断せずに用心するという意味のことわざです。

これから債権回収にのぞもうとする場面での勝負はこれからです。まだ勝ったわけではありません。債権回収で効果をあげるためには、モチベーションを高めて、気持を引き締めてのぞむことが必要です。債権が滞っている、債権が滞りそうだという情報を入手したら「さあ回収するぞ！」、「回収しよう！」、「頑張るぞ！」と気持を引き締めて、態勢を整えてのぞむ必要があります。

日常業務の片手間やルーティーンワークの空き時間に債権回収を進めるという姿勢では、債権回収は功を奏しません。最初にモチベーションを高めることを意識してください。

他の業務を優先すれば、その分債権回収が遅れます。誰しも１日の時間は限られています。１日の時間はすべて人に平等に与えられています。どんな人でも１日の時間は24時間しかありません。この24時間をどれだけ債権回収にあてられるかが勝負の分かれ目になる場面があります。もちろん例外もありますが、基本的には時間をかければかけただけ、回収率が高まると考えてください。時間をかけるということは、本気になるということです。時間をかければかけただけ本気になっているということなのです。

本気になればなるほど債権の回収率は高まります。10倍本気になれば10倍回収率は高まる。100倍本気になれば100倍回収率は高まる。そのためには、まずは心のスイッチを入れて、臨戦態勢を整える。そのような心がまえが大切です。

［図１－３］　本気になればなるほど債権の回収率が高まる

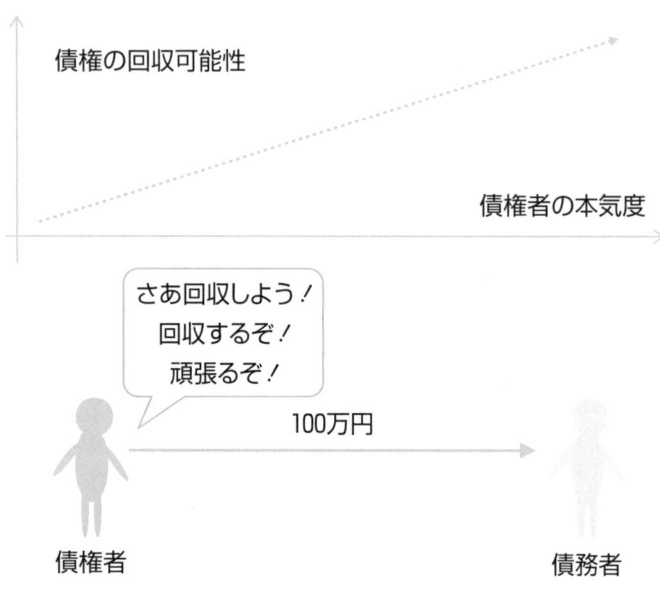

4. 時間の経過に比例して回収可能性は低下する

(1) 債権回収は鮮度が命

変わったたとえではありますが、債権回収は生き物です。そして、生き物には鮮度があります。たとえば、生魚は放っておくとどんどん鮮度が落ちていきます。体に張りがある魚は新鮮です。死後硬直のために身が引き締まってピンとしています。色つやや光沢のある魚は新鮮です。また、目が黒く澄んでいる魚は新鮮です。鱗がきれいについている魚は新鮮です。魚の新鮮さを判断する際には「目の色とエラの赤み」を見ろと言われます。魚はエラから鮮度が落ちていくので、エラの色が大切です。牛肉や豚肉の畜肉よりも魚のほうが鮮度の落ちるスピードが速いと言われます。魚が一番美味しい時期は「死後硬直が始まって終わるまでの間」と言われます。鮮度は徐々に熟成から腐敗に変わっていきます。

債権回収の鮮度も、時間の経過に比例して確実に悪化していきます。債権者への支払いが滞りなく行われている債務者の鮮度はぴちぴちしていて新鮮です。資産の保有状況も、資金繰りも、支払いに対する意欲も問題はありません。しかし、債権者に対する支払いに滞りが生じてきた債務者の鮮度は悪くなり始めてきます。それまで保有していた資産の処分を始めたり、金融機関へのリスケジュールを行い始めたり、支払いに対する意欲も徐々に乏しくなっていきます。債権者への支払いが滞ってしまい、負債の金額も膨らんできた債務者の状態は悪化の一途をたどり始めていきます。処分し尽くして処分すべき資産もなくなり、資金繰りも赤字が続き、支払いへの意欲どころか、逃亡のおそれすらでてくるのです。このように債務者の鮮度は時間の経過とともに確実に悪化していってしまいます。

債務者の鮮度によって、回収できる債権額にも大きな差がでてきます。債権回収の現場では鮮度が新鮮なうちほど多くの債権を回収することが期待できるものです。

⑵ 大切なのは鮮度の見極めと債権回収の時間軸に沿った対応

だからこそ、債権回収の現場では鮮度の見極めが重要です。鮮度を見極める手掛かりは債務者を取り巻く状況と債務者の現在と今後に関する情報、そして債務者の対応です。放っておくと時間の経過とともに日々刻々と状況は悪化していきます。一刻を争うのが債権回収の現場です。情報と状況の鮮度が高いうちに一気に対応を進めて、回収する心がまえが大切です。

時間の経過といいましたが、債権回収の時間軸は、①平常時、②危機時期、③倒産時と大きく３つに分けることができます。［図１―４］（時間の経過に比例して回収可能性は低下する）をご覧ください。債権の回収率が最も高いのが、①平常時です。その後、②危機時期、③倒産時と進むにつれて、債権の回収率は低下していきます。

債務者が①平常時、②危機時期、③倒産時のいずれの状況にあるのかに応じて、債権者としての対応も変えていく必要がありますし、それぞれの場面で注意すべき点も変わってきます。まずは債務者がどの状況にあるかを把握したうえで、それぞれの時期に応じて適切な債権回収の方法を駆使していくことが求められるのです。

［図1－4］ 時間の経過に比例して回収可能性は低下する

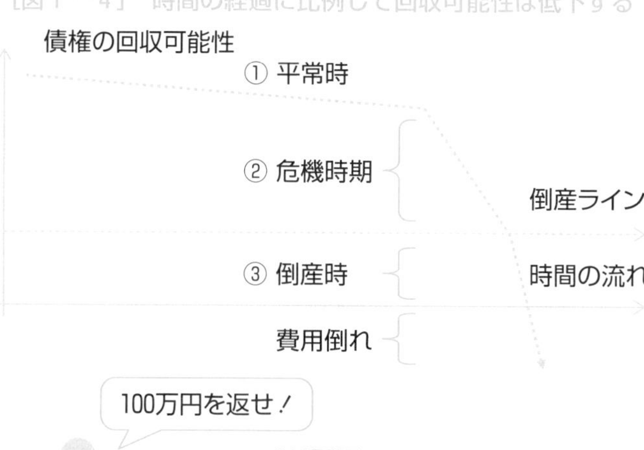

⑶ 危機時期こそが勝負の分かれ目

3つの時期の中では、危機時期こそが勝負の分かれ目です。危機時期というのは「うちの債権も先月から支払ってもらえてないんだよね……」とか、「あそこは最近苦しいらしいよ……」という情報が入ってきた段階です。もちろん単なる噂のことも多いのですが、この噂から何を感じとれるかが、その後の債権回収の分かれ道になります。

危機時期の債権回収の方法として、まず取り組むべきなのは債務者との話合いによる回収です。もし取引先が支払いをしなかった場合や取引先が「支払いを待ってほしい……」と言ってきたらどうしますか。

債務者の言い分を鵜呑みにして支払いを待ってあげますか。それとも債務者の話を聞いて債務者の状況が厳しいようであれば支払いを待ってあげますか。いずれにせよ、支払いを待ってあげるのは最善の対応ではありません。そのような姿勢だと、他の債権者に先を越されてしまい最終的にあなたの債権の回収ができなくなってしまうことになりかねません。まず行うべきは、債務者の話を聞きながら債権回収のための方策を考えることです。

意外にできていないのが、この時間軸を意識した債権回収です。実際には①平常時でも、②危機時期でも、③倒産時でも、同じような気持で、同じような方法で債権回収を行おうとしてしまう方が多いものです。①平常時と②危機時期と③倒産時では債権回収を行うための心掛けや、債権回収のために行うべきことが異なります。それにもかかわらず、時間軸を無視して同じような気持で、同じような方法で債権回収を行おうとしても債権回収が功を奏することはありません。ぜひとも時間軸を意識した債権回収を行うことを心掛けてください。

5. 怪しい噂を聞いたら？

(1) 債務者についての怪しい噂を聞いたら何をする？

債務者に関する怪しい情報（経営的に厳しい、多額の債権が滞った、資金ショートしそうだ等）を耳にしたら、あなたは最初に何をしますか。税理士に相談する、弁護士に相談する、知合いに状況を確認する、インターネットで調べる、銀行に相談する、調査会社に依頼して調査する……いろいろな回答があるところだと思います。

でも、この場合に、まず行っていただきたいのは、債務者に会いに行くことです。四の五の言わずに、とにかくすぐに債務者に会いに行ってください。現場は情報の宝庫です。まずは債務者に会いに行って、状況を確認して、１つでも多くの情報を集めることが大切です。

債務者に会いに行って、社長や担当者に会えればラッキーです。まだ回収の可能性があります。債務者は債権者に引け目があるので、現場にいれば会ってくれる可能性は高いと思います。債務者の立場に立って考えると、債権者との面会は心理的には拒否しづらいはずです。債務者が現場にいると思われるのに、債務者に居留守を使われた場合は要注意です。債務者が開き直っている可能性もあるので、このような場合には少し強硬な方法を講じなければならない場合があります。具体的な方法についてはあとで説明します。

［図1―5］　怪しい情報を取得したらすぐに債務者に会いに行く

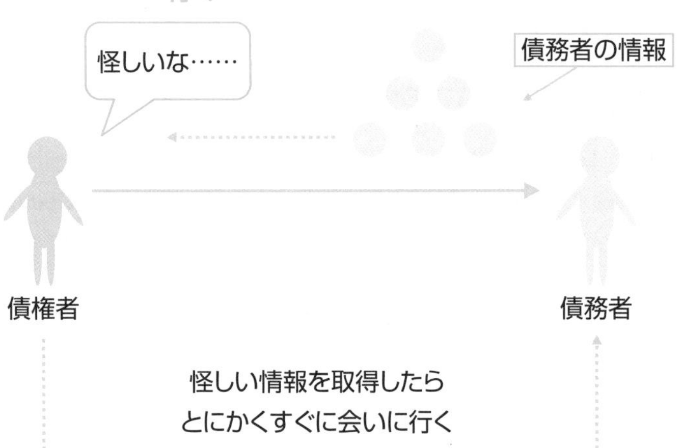

⑵　債務者に会えたら何をする？

さて、あなたが現場に駆けつけて債務者と面会できたとします。債務者に会えたら何をしますか。「とにかくすぐに支払ってくれるように請求する」と答える方が多いかもしれません。請求してすぐに支払ってくれるのであれば問題ありませんが、すぐに支払いができる状況にある債務者は少ないと思います。すぐに支払いができるのであれば、支払いが滞ることはないからです。

すぐに支払うように請求したにもかかわらず、債務者がすぐに支払ってくれない場合には、しつこく請求するのではなく、相手に多くのことを質問するようにしてください。請求するかわりに債務者の状況を質問して１つでも多くの情報を集めてください。経営状態が苦しい状況にあるというマイナスの噂がでている債務者は、何とか債権者に信用してほしいので、債権者から質問すればいろいろと答えてくれるはずです。債務者は信用してもらうために質問に対して懸命に回答しようとするわけです。そのような債務者の心理状況に乗じてできるだけ多くの質問をして、できるだけ多くの情報を聞きだすようにしてください。

会いに行って社長や担当者に会えなかったとしてもやるべきことはたくさんあります。相手がいなければ質問に答えてもらうことはできません。でも、情報を取得する方法は直接相手から聞くことばかりではありません。耳で聞くこと以外にも、目で見る、鼻で嗅ぐなど、五感をフルに使ってできるだけ多くの情報を取得するようにしてください。また、可能であれば、写真や動画で現場の様子を撮影しておくとよいでしょう。

特に人間は視覚で見て考える生き物であるといわれます。目で見ることで多くの情報を得ることができます。できるだけ多くのことを見て、少しでも以前と違う部分を発見するように努めてください。たとえば、玄関や倉庫に段ボールがあれば出荷した商品が何らかの問題で返品されているのではないかと疑っていただきたいと思いますし、従業員が少なくなっていればリストラが行われている可能性もありますし、従業員の表情が暗いようであれば満足に給料が支払われていない可能性もあります。目で見ることで多くの情報を得ることができます。

怪しい噂を聞いたら、すぐに債務者に会いに行くこと。そして、債務者に会えたらできるだけ多くのことを質問して１つでも多くの情報を得ること。債務者に会えなかったとしても諦めずに１つでも多くの情報を得るように努めることが大切です。

6. 債務者はたいてい嘘をつく？

(1) 債務者の言い分は信じられるか？

認識しておいていただきたいことがあります。それは「債務者はたいてい嘘をつく」ということです。私は、これまで20年近く、債権回収に関する業務に携わっていますが、すべて本当のことをだけを話す債務者に出会ったことはありません。

債務者は自分にとって都合の悪いことは言わないものです。どんなに本当のことを言っているようにみえる債務者だって、都合の悪いところは隠します。すべてを正直に話ができる人は利害関係がなく引け目のない人だけです。債務者は、他人に債務を負担しているというだけで引け目をもっているので、大なり小なり都合の悪いことは隠したり、ごまかしたりします。

このことは、債務者の立場になって考えていただければ理解してもらえると思います。債務者は、できるだけ債権者に安心してほしいと考えています。債権者には安心して早々にお引き取り願って、できれば債務者のことをそっとしておいてほしいというのが債務者の本音です。

債権者に安心してもらうために債務者としては必死なのです。必死だからこそ、債務者もついつい勢い余って債権者を安心させるための嘘をつきます。債務者は積極的に嘘をつかなくても、言わなくても問題ないことは言わずに済まそうとします。債権者を不安にさせるような情報は言わないものです。「母親が死にそうだ」、「自分は癌で余命3カ月と診断されたので、通院費がかかって支払いに回す余裕はない」、「家賃の滞納が続いていて、今月末には借家から追い出される」、「やくざに追いかけられて追い込みをかけられている」、「営業の存続は諦めた。来月破産する予定だ」など、私が債務者からつかれた嘘は枚挙に暇がありません。債権者に放っておいてほしい、できれば債権者に諦めてほしい、その一心から債務者は債権者に対してあることないこと嘘をつくのです。

債務者は債権者が心配になるとそれだけ取立てが厳しくなると予想しています。逆に、債務者は債権者が安心するとそれだけ取立てが緩くなると予想しています。ですから「債務者は嘘をつく」または「債務者は本当のことは隠している」もしくは「債務者は都合の良い話をしようとする」と考えてください。

⑵　お涙頂戴の話も眉唾物？

債務者と話をすると、債務者は債権者に対してさまざまな話をしてきます。たとえば、「いや、実は娘が大学に行っていて……」とか、「先日交通事故にあってしまって……」とか、「経営している飲食店でボヤがでてしまって……」とか、「母親が病気になって……」です。

お涙頂戴を狙ってか、債務者はあることないこといろいろと話をしてくれます。これらの話を信じる人もいると思いますが、やはり心を鬼にして疑いの目で見る必要があります。

私も弁護士になりたての頃は、債務者からこのような話を聞くと「大変ですね……」、「苦しいのですね……こちらも依頼者に伝えて相談してみますね」などと、いちいち真に受けて話を聞いていました。ただ、そのような話を間に受けて良かったと思ったことは一度もありません。残念なことではありますが、今ではそれが債権回収の現場だと割り切って、基本的には疑いながら債務者の話を聞くようにしています。

ですので、債務者からの言い訳を信じてしまっている債権者は注意してください。支払いに窮している債務者のほとんどの話は眉唾物です。嘘の確率が99.9%くらいだと考えてもよいと思います。

できれば人の話は信用したいものです。その気持は私も変わりません。それでも、とにかく債権回収の現場では性善説の発想は捨てて、性悪説の発想で考える必要があると経験が教えてくれました。都合の良い話、明るい話などにも嘘が含まれています。希望的な話も怪しいものです。絶望的な話も誇張されています。基本的にはすべての話が嘘を含んでいると考えるほうが、債権の回収率を高めるためには望ましいと思います。

たとえば「いやあ大きな取引が決まりそうです。この取引が決まれば、まとめて返せるので、来月まで待ってください」と債務者が話してきた場合、あなたはどうしますか。来月まで待ちますか。それとも、すぐに返せと言いますか。来月まで待つと考えたあなたは債権回収ができなくなる可能性が高いのです。すぐに返せと言いながら、裏付けとなる資料を提出させたりするべきです。裏付けとなる資料で確認できない限り、債務者の話は疑い続けるべきなのです。

［図１―６］　債務者はたいてい嘘をつく

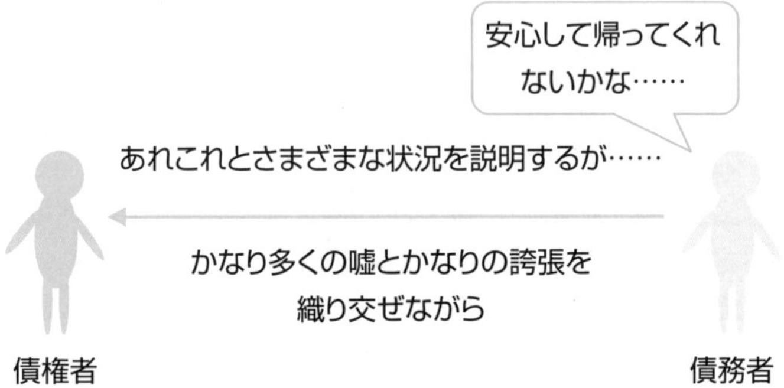

安心して帰ってくれ
ないかな……

あれこれとさまざまな状況を説明するが……

かなり多くの嘘とかなりの誇張を
織り交ぜながら

債権者

債務者

7. 誰もが「あそこはうちだけには絶対迷惑をかけない」と思っている

(1) あそこはうちだけには絶対に迷惑をかけない？

債権回収に関して相談を受ける中で、「あそこはうちには絶対に迷惑をかけないと思うのですが……」という言葉を耳にすることがあります。

私が「どうしてそのように思うのですか」と尋ねると、「債務者とはもう数十年の付き合いで、これまでもお互いに困ったときに助け合ってきたんです」とか、「頻繁にいっしょにゴルフに行くんです」とか、「同じロータリークラブのメンバーなので……」とか、「家族ぐるみの付き合いをしています」とか、「中学校からずっと仲良くしてきて……」とかさまざまな事情を説明していただけます。

でも、「これまで助け合ってきたとしても、過去は関係ありません。過去と現在は状況が違います。今回も助け合える保証はあるのでしょうか」とか、「ゴルフに行ったり、家族ぐるみの付き合いをしている人は、あなた以外にもいるのではないでしょうか」とか、「中学校からずっと付き合っている人は、あなた以外にもいるのではないでしょうか」と尋ねると、「それは……」といった感じで、先ほどの勢いが消えてしまい、急に弱気なトーンになります。

この「あそこはうちには絶対に迷惑をかけない」という根拠

のない信頼こそが、債権回収の大きな落とし穴の１つです。債権者は債務者本人ではありませんので、債務者のことを知っているつもりでも、実際にはあまり知らないものです。債務者との付き合いが長いからそう思っているのでしょうか。取引額が多いからそう思っているのでしょうか。プライベートで頻繁にいっしょにゴルフに行くからそう思っているのでしょうか。

でも、そのように思っているのは、あなただけではありません。他の債権者も同じように思っている可能性があります。同じように誰もが「あそこは絶対にうちには迷惑をかけない」と思っているととらえた方が適切だと思います。

⑵ 「あそこはうちには絶対に迷惑をかけない」というのは幻想

いわば、「あそこはうちには絶対に迷惑をかけない」というのは幻想です。債権者の勝手な気休めにすぎません。債権の支払いが滞りそうになっている時点で、すでにこれまでの関係性は崩れていると考えるべきです。債務者の言葉を信じるのは勝手ですが、このような状況で信じ続ければ信じ続けるほど、他の債権者に先を越されて、債権の回収率は低下していきます。

もちろん友だちのほうが大事だという人もいるかもしれません。その場合には、回収率は下がっても、よいと思います。それはそれで大切な考え方だと思います。ですが、これまで多くの債権回収業務を担当してきた弁護士の視点からすると、そのような考え方をもっているからこそ、債権を焦げ付かせてしまうのではないかとも感じます。本当の友だちであれば困ったときに助けるとか、見逃すとか、そういった態度はしないのではないでしょうか。友だちに迷惑をかけたり、友だちを裏切ったり、友だちをだましたりするのは本当の友だちではないと思います。

これまでに幾度となく、債権回収の現場で友だち関係が崩れるのを目のあたりにしてきています。そのたびに「やっぱり先生の言うとおりでした……」とおっしゃる方がいかに多いか。

最終的にどちらを選ぶかはそれぞれの価値観に委ねるほかありませんが、一度、冷静になって、考えていただきたいと思います。債権回収をとるのか、友だちを信頼している自分をとるのか、それを秤にかけて考えていただきたいと思います。

そもそも誰かに迷惑をかけたくてかける人はいないのです。誰もが、できることなら、他人に迷惑をかけたくないに決まっています。迷惑をかけたいという人のほうが少ないのは明らかだと思います。特に、これまでの付き合いが長ければ長いほど迷惑はかけたくありませんし、迷惑をかけないように行動しているはずです。

ですが、実際には、多くの人が迷惑をかけ合っています。これはどういうことなのでしょうか。答えは「迷惑をかけたくないけど、迷惑をかけざるを得ない状況だ」ということです。売掛金の入金が遅れていることが、債務者のそのような状況を雄弁に物語っています。

「あそこはうちには絶対に迷惑をかけない」とか、「困ったときに助け合ってきたので大丈夫です」と言う方がいますが、そのような言葉を聞くたびに「甘いなあ」と感じてしまいます。その「甘さ」が債権の焦げ付きを生じさせているように思います。断言しますが「あそこはうちには絶対に迷惑をかけない」とか、「困ったときに助け合ってきたので大丈夫」というのは、ほぼ妄信です。信頼して裏切られると、数十万円とか数百万円の債権の回収の話ではなくなってしまいます。ひょっとすれば、それが債権者にとっても、債務者にとっても一生の心の傷になってしまうのです。

「あそこはうちには絶対に迷惑をかけない」というのは幻想だと考えて粛々と必要な対応を進めたほうが、最終的には、債権者にとっても、債務者にとっても、良い結果が得られるのだと思います。

［図1―7］ 誰もが「あそこはうちには絶対に迷惑をかけない」と思っている

8. 債務者を知ろう～債務者のバランスシート～

(1) 債務者を知れば知るほど債権の回収率が増加する！

より実効的な債権回収を行うためには、債務者のことを知る必要があります。債務者のことを知れば知るほど債権の回収率が高まると考えてください。それでは、債務者を知るためには何をしたらよいでしょうか。まずは債務者の現在の資産と負債の状況を想像することです。「詳しい情報がわからないのですけど……」と思われるかもしれませんが、詳しい情報は必要ありません。最初は債務者の現状を大雑把に想像することから始めます。

(2) 債務者のバランスシートは？

まず、[図１―８―１]（債務者の状況１）をご覧ください。債務者の状況です。左側の「A」はアセット（＝資産）です。右側の「L」はライアビリティ（＝負債）です。

[図１―８―１]（債務者の状況１）では、資産よりも負債のほうが大きくなっています。資産のほうが大きければ債権は滞らないので問題は生じません。それが健全な状態です。ですが、支払いが滞っている債務者というのは、資産と負債の均衡が崩れている状況にあります。

[図１―８―１]（債務者の状況１）でも資産よりも負債のほ

うが大きくなっています。債務者は手持ちの資産をすべて売却したとしてもすべての負債を支払うことはできない状況にあります。これが支払いの滞った債務者のバランスシートです。まずは、支払いが滞っている債務者はこのような状態にあるという大まかなイメージをもってください。

[図1−8−1] 債務者の状況1

A　　　　　　L

それでは、もう少し詳しく債務者の状況をみていきましょう。[図1—8—2]（債務者の状況2）をご覧ください。どうでしょうか。負債の中身を書き足してみました。負債には、いろいろなものがあります。債権者の債権はどこにあるでしょうか。債務者からすると債権者の債権は買掛金だったり、借入金だっ

たりするので、負債の部に計上されます。負債の部に計上はされていますが、債権者に対する支払いが滞っているわけです。どうして債権者の債権が滞っているのでしょうか。それは債務者がほかに優先的に支払っている債務があるからです。

［図1－8－2］　債務者の状況2

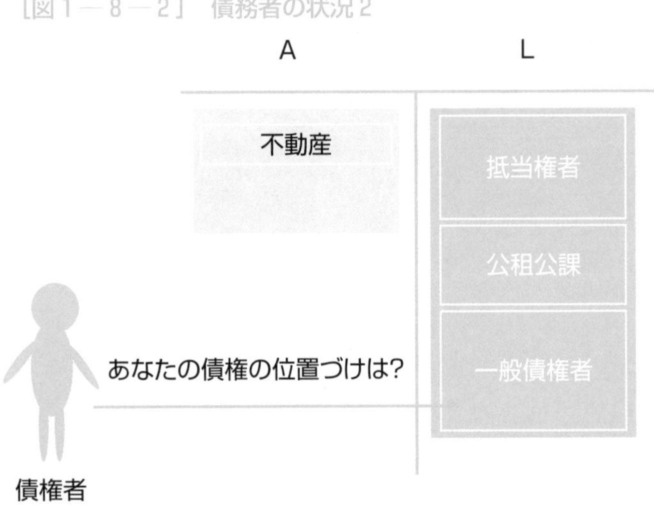

⑶　もっと詳しくみてみると？

個人の債務者の場合で、考えてみてください。債務者も生きている以上は、水を飲まなければいけませんし、食事もしなければいけません。人間は水も飲まずに食事もとらずに生きていくことはできません。債務者が生きている以上は、お金の出入りがあるはずなのです。水を飲んだり食事をとったりするための最低限のお金の出入りはあるのです。ただ、そのお金だけでは、すべての債権者に対して支払いをすることができないのです。債務者は現在そのような状況にあるのです。

よく自分に対する債権の支払いが滞っているから債務者はお金がないと考える方がいますが、間違っています。債権者に対して支払いをしてくれないから、債務者はお金がないということではありません。債務者は、その債権者の債権を含めて、すべての債権者を満足させるだけのお金を持っていないだけです。だからこそ、債務者は、水も飲めるし、食事もできるし、生活できているわけです。場合によっては、その債権者以外の債権については支払っているかもしれません。まずは債務者のバランスシートを正しく想像することが債権回収を行うための第一歩です。

そして、[図１―８―１]（債務者の状況１）を利用して、取得した資産や負債の情報を可能な限り盛り込んでいってください。今日よりも明日のほうが多くの情報が書き込まれていると思います。今週よりも来週のほうが多くの情報が書き込まれていると思います。そのようにしながら、債務者のバランスシートを少しずつ明らかにしていきます。そして、１つでも多くの情報を取得して、債務者の状況を少しでも正確に把握できた人が、１円でも多くの債権を回収することになります。

9. 優先順位を上げさせよう！

(1) 債務者の立場で考えてみると？

弁護士は、債権者の立場だけではなくて、債務者の立場で依頼を受けて仕事をすることもあります。その場合には、債権者とは全く逆の立場で対応することになります。すべての債権者に対して支払いをしたくても、どうしても支払いをすることができないような状態にある債務者から相談を受け、多くの債権者からの請求に対して、どのように対応すべきかを考えて対策を講じていきます。

債務者の現状や、債務の支払いが滞ってしまった原因、その原因をどうやって除去していくのか、債権者に対して、どのような計画で、どのように弁済していくのかということを債務者といっしょに検討し、債権者に説明して、債権者の理解を求めていきます。

このように債務者の立場に立って行う仕事を通じて、債務者の心理もよく理解できますし、窮状にある債務者の行動についても、予測がつくようになります。

私の場合、多くの債権者から詰め寄られている債務者の依頼を受けたときは、あくまで債権者間の平等を害しない範囲で、多くの債権者の中でも特に「うるさい」債権者から先に対応するようにしています。すべてを同時に対応できればよいのですが、すべての債権者を１カ所に集めて同時に説明をする債権者集会などを開かない限り、すべての債権者に同時に同じ対応をすることはできません。日々の対応は、債権者間の平等を害しない範囲では、ある程度の優先順位をつけて、進めていかざるを得ないのです。

窮状にある債務者がしなければならないことはたくさんあります。特定の債権者に対する対応だけを行っているわけにはいきません。窮状にある債務者だって日々の仕事をしなければなりませんし、むしろ傾いた資金繰りを立て直すために、これまで以上に一生懸命働いたり、営業したりしなければいけないのです。

そのような中で、しつこく「うるさい」債権者がいると、その対応で日々のほとんどの時間を奪われかねません。債務者としては、まずは、しつこく請求してきたり、面会を求めてきたりするような債権者に静かにしてもらわなければ、日々の業務もままなりませんし、資金繰りの悪化を改善するための方策を講ずる余裕もなくなってしまいます。

(2) 債権者間の平等とは？

もちろん、一部の債権者だけ優遇するわけにはいきません。危機時期にある債務者は、「債権者間の平等」を意識して対応していかなければなりません。債務者が一部の債権者だけを優遇した場合には、他の債権者から不満がでます。「どうしてあそこには支払って、こっちには支払わないんだ！」とか、「あそこには一括で支払ったんだから、こっちにも一括で支払え！」など、債権者からこれまでよりも、より一層厳しい追及を受けることになります。このような事態が生じてしまうと、債務者は何を説明しても信用されなくなってしまいますし、事態が紛糾して、その後、いくら債務者が頑張って説明したり、お願いしたりしても、紛糾した混乱状態を収束することができなくなってしまいます。

しかし、平常時であれば、できる限り声の大きい、しつこい債権者を優先的に対応することも許されます。決して優先的に支払いをするというわけではありません。しつこい債権者に対しては、しつこくされないために、多少なりとも静かに落ち着いてもらえるように対応するといったイメージの話です。

債権回収は「椅子とりゲーム」に似た要素があります。「椅子とりゲーム」では置かれている椅子の数は限られています。その中で他の人の動向を見定めながら、少しでも有利な位置を探して、音楽が鳴り終わると同時に椅子に座る必要があります。回収の原資になる債務者の資力には限りがあります。債権者としては、その中で少しでも優位なポジションを得ながら１円でも多くの債権を１日でも１時間でも早く回収していくという心掛けが必要になります。椅子とりゲームではぼんやりしていると、座るべき椅子をとられてしまい、退場となります。債権回収も同じです。ぼんやりしていると、回収の原資になる債務者の資力が尽きてしまい、回収不能に陥ってしまうのです。

⑶　債務者も生活している以上はお金の出入りがある！

繰り返しになりますが、債務者も生活している以上、お金の出し入れを行っています。人間が飲まず食わずの状態で生き続けることができる時間は限られています。債務者も生きて生活している以上は全くの無収入ということはあり得ません。何らかの収入があって、それで水を飲んだり、食事をとったりしているのです。

それにもかかわらず、特定の債権者に対してはお金が支払われていません。それはなぜでしょうか。そのような場合、債務者は、その債権者の債権の優先順位を相当低い位置においています。あえて言葉を選ばずにいえば、完全に「舐められている」状態にあります。債権が滞っているのは、債権者がそのような関係性を認識していないことや、そのような関係性を認識していたとしても、支払いがないことを容認しているからです。ですから、まずはそのような認識を変えていただくことが必要です。

⑷ 債権の優先順位を上げさせるためには？

それでは、債権の優先順位を上げるために、何をすればよいのでしょうか。

債権の優先順位を上げさせるために有効なただ１つの方法は、効果的なプレッシャーをかけ続けていくということです。

債権を回収するための特効薬はありません。「これをすれば、すぐに債権が回収できる」という特効薬があればよいのですが、残念ながらそのような特効薬は存在しません。特効薬がない以上は、地道に時間をかけてコツコツと、やるべきこと、できることを続けていく努力が必要になります。

地道な砂を噛むような作業ではありますが、コツコツと「くどく・しつこく」プレッシャーをかけ続けていくという姿勢が求められます。

プレッシャーをかけ続けていって、相手を本気であなたに向き合わせる必要があるのです。

［図1―9］ 債権の優先順位を上げさせよう！

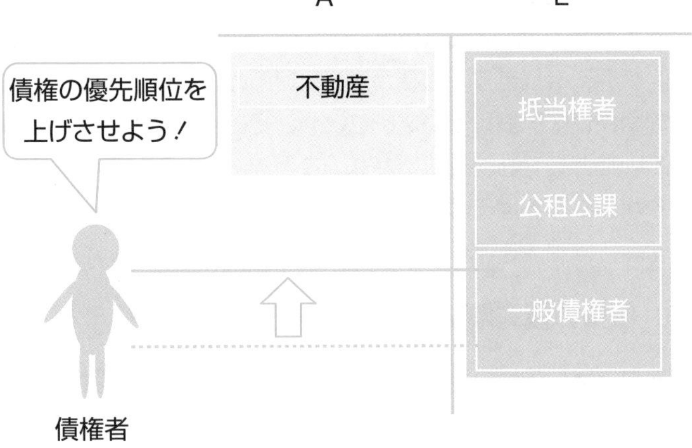

10. 債権回収の基本はプレッシャーをかけ続けること

(1) 債権回収における「プレッシャー」とは？

債権回収における「プレッシャー」とは何でしょうか。

スポーツを例に説明します。サッカーでは、ボールを持っている時に、相手がチェックにくると、プレッシャーを感じて自分がしたいプレーを思うようにできなくなってしまうことがあります。その結果、ミスを誘発してボールを相手に取られてしまうという事態が起こります。このチェックをかけるというのがプレッシャーです。また、バスケットボールでは、バスケットボールコートの隅に相手を追い詰めていってプレッシャーをかけます。プレッシャーを感じた相手はパスをだすことができず、また、サイドラインやエンドラインから外に足を踏みだすこともできず、追いやられていきます。心理的にも物理的にも追い詰められていくわけです。相手はドリブルをしているかもしれませんが、プレッシャーを感じてドリブルをやめると、あとはパスかシュートしか選択肢がなくなります。ここが相手からボールを奪うチャンスになります。

債権回収の場面では、債務者に対する請求の頻度、回数、程度を段階的に増やしていきながら債務者に対して心理的な圧迫を加えていきます。プレッシャーをかけてくる相手には優先順位をあげて対応せざるを得ません。そうしないと何もできなくなってしまうからです。まずは頻度を増やします。次に回数を増やします。そして、それらとあわせて程度を強めていきます。

この頻度を増やす、回数を増やす、程度を増やすという姿勢で徐々にプレッシャーを強めていくのです。

(2) 債権回収における「プレッシャー」のかけ方

具体的にどうすればよいのかということですが、プレッシャーのかけ方は簡単です。自分が債務者の立場だったら、債権者にどのようなことをされたら嫌かを考えてみてください。たとえば、夜討ち朝駆けだったり、営業時間内の突然の訪問だったり、自分がされたら嫌なことはたくさんあると思います。

会社だけではなくて、債権者に自宅に来られるのも、嫌なことです。債務者は自分の会社の従業員には支払いが厳しいことを話していないかもしれません。その場合には会社に電話をすることも効果があるかもしれません。債務者の社長の携帯電話の番号を知っているかもしれませんが、あえて社長の携帯電話ではなく、会社の代表電話にかけてみます。社内での体面もあるので、社長が社内の従業員に債務の支払いができないことを話していない場合には、慌てて社長から電話がかかってくるかもしれません。実際に社長が「いやあ、携帯に電話してくださいよ」などと言えば、効果があったこともわかります。このような場合には、その後も会社に電話をかけながら、うまく精神的に優位に立つポジショニングを保って、債権回収を進めていくのです。

会社に電話をかけても、あまり効果がないときに考えるのは、自宅への電話です。会社では債務の支払いが厳しいことを従業員にも説明している場合があるかもしれません。しかし、自宅ではどうでしょうか。そもそも会社や仕事のことを家庭では話をしないという人も多いのではないでしょうか。また、妻には話をしていたとしても、子どもにまで話をしないことも想像できます。債務者は、会社や仕事の厳しい状況を、妻や子どもには、あまり伝えたくないはずです。そのような中で、債権者が債務者の自宅に電話をかけます。電話に債務者がでなくてもいいのです。目的はプレッシャーをかけることなので、債務者が電話にでなくても自宅に電話をかけることでプレッシャーをかけることは成功しています。債務者が自宅に帰った後に、債務者の妻が債務者に「○○さんから電話がありましたよ」と伝えるだけで、債務者はドキッとするでしょうし、債権者が本気であることを理解するはずです。債務者は「家にまで電話をかけてきた……勘弁してほしい」と思うはずです。債務者の中で、この債権者への優先順位が確実にあがります。

さて、電話で功を奏しなかった場合には、訪問です。訪問も電話と同じです。債務者に会えなくてもよいのです。訪問して、債務者の妻や子どもに「お父さん、昼間に、○○さんが訪問してきましたよ……」と言ってもらえればよいのです。こういった方法はあまり使いたくない方法ですが、仕方ありません。ただ、電話や訪問する際の情報の伝え方には気を使いながら進めてください。債務者の妻や子どもとは関係のない問題なので、債務者のことや子どもの心情には配慮が必要です。

また、債務者にプレッシャーをかける際の最大の注意事項は犯罪にならないようにすることです。債務者に対してプレッシャーをかけていくときに、勢い余って債権者が脅迫罪・強要罪・恐喝罪などに該当するような行動をとってしまう場面があります。当たり前のことですが、犯罪になりかねないようなプレッシャーのかけ方は絶対に避けなければなりません。債権回収の際に注意すべき点については、また別の項目でまとめて説明します。

［図１―10］　回収の基本はプレッシャー

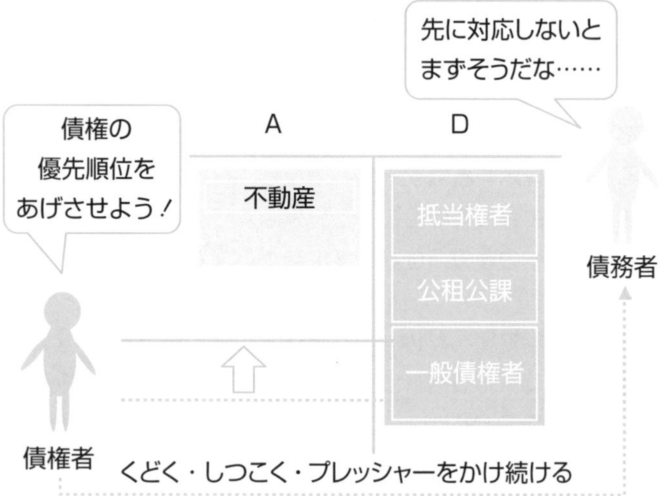

11. 債権回収は情報戦

(1) なぜ情報収集が必要なのか？

債権回収は情報戦です。債権回収の戦略を立てる前に行うべきことは、債務者に関する情報を集めることです。１つでも多くの情報を有している人が１円でも多くの債権を回収するということを肝に銘じてください。いわば、情報の有無と情報の量と質が債権回収の成否を分けるのです。①債務者がどのような状況にあるのか、②債務者の支払いが滞った原因はどこにあるのか、③債務者の資産の保有状況はどうか、④債務者の資産は保全されているのか、⑤債務者は営業を継続していくのか、⑥債務者の支払意欲はどうかなど、債権回収の場面で取得すべき情報は尽きることはありません。

債権回収に取り組んでいる弁護士の立場からすると、債務者に関する情報は多ければ多いほど助かります。たくさんの情報の中から債権回収に必要な情報を取捨選択して、今後の債権回収をどのように進めていくかといった戦略を立てていくことができるからです。情報があればあるほど、債権回収に際しても多様な選択肢の中から最も効果的な方法を選択することができますし、情報があればあるほど、債権の回収率も高まっていきます。

他方で、債務者に関する情報が限られていれば、とりうる選択肢も限られてしまいます。また、取得した債務者に関する情報が誤っていれば、債権回収でも誤った方法をとりかねません。情報の量と質が債権回収の成否を決することになります。

情報の量と質と書きましたが、どちらかというと「量」を重視してください。債権回収の場面では、とにかくどんな些細なことでもよいので、債務者の現状や今後の予測などに関するできるだけ多くの量の情報を集めてください。その中には、もちろん有益な情報もあれば、そうでない情報もあると思います。ただ、債権回収の場面で、まず優先すべきなのは情報の「質」ではなく「量」なのです。できるだけ多くの情報を集めて、その「質」については後から腰を据えて判断していけば足ります。ある程度の「量」の情報がなければ、その「質」の確認すらできません。まずはとにかく多くの情報を取得することが大切です。

１つでも多くの情報を取得した人が１円でも多くの債権を回収する、債権回収の額は取得した情報量に比例します。

⑵ 情報の入手先①──ホームページ、Twitter、Facebookから

それでは債務者に関する情報はどこからどのように入手できるのでしょうか。

まず考えられるのは債務者のホームページや Twitter、Facebook、Instagram などです。

債務者のホームページは情報の宝庫です。代表者が誰で、どこに営業所があって、どのような製品を製造しているといったことが記載されている場合も多いと思います。ときには、取引

［図1―11―1］　回収できる債権の額は取得した情報量に比例する

先や取引銀行の支店名まで掲載されていることもまれではありません。知りたい情報としては、①債務者がどのような状況にあるのか、②債務者の支払いが滞った原因はどこにあるのか、③債務者の資産の保有状況はどうか、④債務者の資産は保全されているのか、⑤債務者は営業を継続していくのか、⑥債務者の支払意欲はどうか、などですが、債務者の組織や現状に関するある程度の情報は債務者のホームページから取得することができるのです。また、最近では Twitter や Facebook や Instagram でも多くの情報が流れていますが、その中にも債権回収に役立てることができそうな情報が含まれています。

ちなみに、私の関与先の企業の中には、外部に発する情報については極力少なくするといった姿勢で日頃から情報管理を徹底しているところがあります。万が一の場面に備えて外部に流出させる情報に制限をかけているのです。いわば有事の際のディフェンスといった意味合いです。

他方で、取引先がどこだとか、取引銀行がどこだとか、細かく自社の情報を開示している会社もあります。取引が正常に行われている限りは全く気にすることではありませんし、ある程度の規模の会社ではある程度の情報開示もやむを得ないという実情にあるかもしれません。ただ、いざ何かの事故などで債権の回収を受ける立場になったときのことを考えると、情報開示のしすぎは必ずしも望ましいとはいえません。相手の強制執行などを容易にしてしまうだけです。情報の開示をすることは相手に不用意にも武器を与えることにつながります。もちろん情報を有利に活用できる場合もあると思いますが、不利になる場合もあると認識する必要があります。

(3) 情報の入手②――法人登記／履歴事項全部証明書から

次に、債務者が法人の場合には、法人の履歴事項全部証明書を取得してください。直接法務局に行って取得するか、郵送で取得します。また、事前に一定の準備が必要ですが、オンラインで取得することもできます（詳細は法務省のホームページでご確認ください）。履歴事項全部証明書には、①商号、②本店、③会社設立の年月日、④目的、⑤資本金の額、⑥役員に関する事項等が記載されています。

①商号、②本店欄の記載から、本当に債務者が実在しているのかを確認します。

③会社設立の年月日から、法人がどの程度歴史のある会社なのかを確認します。一般的には社歴が長い会社のほうが安心することができるとは思います。

④目的から、その法人がどのような目的で設立された会社かを確認します。債権者との取引が目的外の内容だった場合には要注意です。本来、法人はこの「目的」以外の権利義務の帰属主体になることはできませんので、取引自体が無効とされる可能性があります。

⑤資本金の額から、会社の規模を判断します。一般的には資本金の額が大きければ大きいほど安心できるとは思います。

⑥役員に関する事項には取締役や監査役の氏名や住所などが記載されています。「専務取締役」や「常務取締役」の名刺を持って活動していても、実際には取締役ではない例もたくさんあります。また、代表取締役の自宅住所も記載されています。ここから代表者の不動産登記事項証明書を取得して、代表者の自宅の権利関係を確認することができます。代表者の自宅を訪問することもできます。そうして、代表者が持ち家か賃貸かなどの情報もたどって調べていくことも可能になります。また、取締役が頻繁に変わっている場合は、法人の運営が安定していないことの現れです。また、近い時期に取締役の構成に変更があれば、債務者がよからぬことを企んでいる疑いをもたなけれ

ばなりません。

(4) 情報の入手③——不動産登記／不動産登記事項証明書から

さらに、債務者が不動産を保有している場合には、債務者の保有する不動産の登記事項証明書（以前は、不動産登記簿謄本といいましたが、コンピュータ化が進んだ法務局では不動産登記簿謄本とはいわずに不動産の登記事項証明書といいます）を取得してください。

登記事項証明書の入手方法ですが、①不動産の所在地を管轄する法務局で入手する、②郵送で入手する、③最寄りの法務局で他の法務局の不動産登記事項証明書を入手する、④オンラインで請求して入手する（事前に一定の準備が必要です。詳細は法務省のホームページでご確認ください）といった方法があります。

不動産登記事項証明書を取得したら、①表題部、②甲区、③乙区、④共同担保目録の4点を確認します。

①表題部からは土地・建物の概要を知ることができます。土地の登記事項証明書の表題部には「所在」、「地番」、「地目」、「地積」が記載されています。「地目」には、宅地や田、畑、山林などと記載されているので、その土地がどのような目的で利用されているかを知ることができます。「地積」からは土地の面積がわかります。近隣の坪単価がわかる場合には、面積から土地のおおよその価格を推測することができます。

建物の登記事項証明書の表題部には「所在」、「家屋番号」、

「種類」、「構造」、「床面積」、「原因及びその日付」が記載されています。「種類」の欄からはその建物がどのような目的で利用されているかを知ることができます。「構造」の欄からはその建物が木造なのか、鉄筋コンクリート造なのかといったことを知ることができます。「床面積」からは建物の面積を知ることができます。

②甲区には所有権に関する情報が記載されているので、その不動産の所有者が誰かを知ることができます。もしその不動産に債権者から「差押え」や「仮差押え」がされている場合には、「差押え」や「仮差押え」されていることが明記されます。「差押え」や「仮差押え」がされている場合には、債務者が相当切羽詰まっている状態にあることがわかります。

③乙区には所有権以外の権利に関する事項が記載されています。乙区の「登記の目的」の欄を見れば、どのような担保権が設定されているかを知ることができます。また、乙区の「権利者その他の事項」の欄を見ると、どの債権者がどの債権について、いくらの担保権を設定しているかを知ることができます。乙区を見ることで、債務者のその不動産における担保余力を知ることができます。

④共同担保目録には、担保権者がその不動産と共同して担保にとった不動産が記載されています。債務者がほかに保有している不動産の存在や、担保権者の担保権の設定状況を知ることができます。

なお、もし債務者が不動産を保有しているか否かがわからなければ、債務者の会社の所在地の不動産の登記事項証明書をとってみてください。債務者が法人で、法人が不動産を保有していなかったとしても、たとえば、会社の代表者が会社の入っているビルを所有していたり、会社の代表者の妻の名義になっていたり、債権回収のターゲットとなりうる情報を入手することができるかもしれません。

⑸ 情報の入手④——信用調査会社・探偵事務所・興信所の利用

また、信用調査会社を使用するという方法があります。たとえば、帝国データバンク（TDB）や東京商工リサーチ（TSR）など企業を対象とする信用調査会社から報告書を取得します。企業の規模に応じて十分な情報があって正確な場合もあれば、そうでない場合もあるのですが、上手くいけば、詳しい企業情報を取得することができます。

さらに、探偵事務所や興信所を使って必要な情報を取得するという方法があります。相応の費用がかかりますがこちら側のニーズにあった情報を提示してくれることが期待できます。

⑹ 情報の入手⑤——取引先・関係者等から

加えて、債権者と債務者の共通の取引先から情報を取得することもできます。たとえば、共通の取引先に問合せをして、必要な情報を聞き出していきます。聞き方が難しいのですが、単刀直入に聞く場合もあれば、共通の取引先には察せられないような方法で聞き出す場合もあると思います。

それ以外にも、業界団体やロータリークラブなど、生の情報がたくさん集まっている場所があります。特に地方都市では、そのような地域のコミュニティに最新の生の情報が集まっている場合が多いと実感しています。そういった個人的なつながりを利用して、情報をたどっていくことも検討してください。ただ、この場合、債務者の立場もありますし、むやみに情報を聞き回っていると逆に債権者の評判や信用を落としかねない場合もありますので、配慮が必要です。情報を取得することによって、債務者にどのように伝わるか、または債務者以外の関係者にどのように受け止められるかを考えながら、説明の仕方、説明する情報の量、聞き出す情報などを事前にしっかりと検討して、慎重に進めていく必要があります。

(7) ときには情報操作も検討する

そして、情報は取得するだけでは不十分です。逆に情報を発信することで債権回収に役立てていくという視点も有益です。債権回収の場面では、債務者に対していかに粘り強く、しかも段階的にプレッシャーをかけていけるかが大切です。そして、債務者にプレッシャーをかけていく方法の１つとして、情報操作があります。情報操作というとあまり聞こえがよくないかもしれませんが、債権者から債務者に対して、直接、請求をするだけではなく、間接的に、債権者の本気度を示す情報を伝えていき、プレッシャーをかけていくことで、債権回収が功を奏する場合もあるのです。

直接の情報よりも第三者を介しての情報のほうが債務者に対して効果がある場合も多いものです。債権者が債務者に直接伝える情報と、第三者などの周囲から債務者に間接的に伝わる情報の違いを意識して情報を伝えていきます。

周囲から相手に伝えるべき情報はこちらの本気度です。債務者と付き合いのある業者や友人などと会って、「A 社は本気で裁判を考えているようだよ……」とか、「A 社は支払ってくれるまで絶対に諦めないと言っているよ……」といった情報が第三者を通じて債務者に伝わるように絵を描いていきます。債務者は、そのような業者や友人の話を信頼します。業者や友人は債務者との関係が深ければ深いほど効果が高まります。

［図１―11―２］ ときには情報操作も検討する

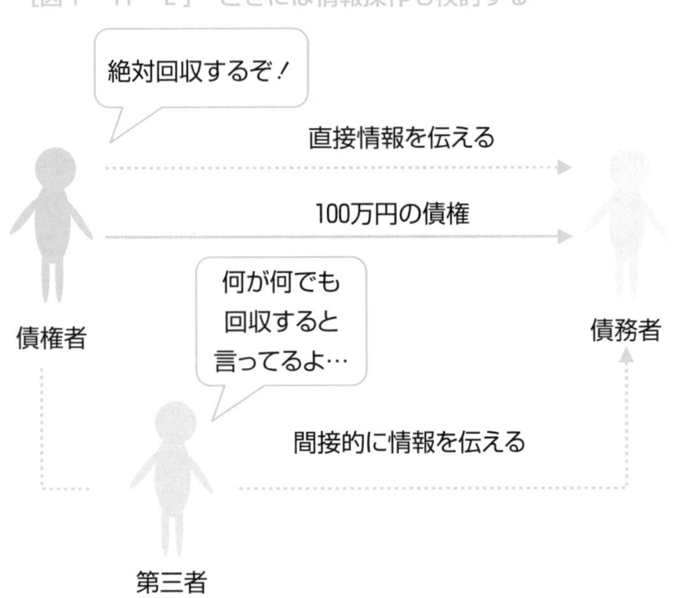

12. いくつかの方法を並行して進めよう

(1) 債権回収は「全体の羅針盤」を眺めながら進める！

債権回収を進めるにあたって「全体の羅針盤」を用意することが有益です。債権回収を効果的に進めるためには、時間の流れに沿って、債務者の対応を予測して、債務者の先手を講じていくことが必要です。

債務者との口頭でのやりとりの中でもそうですし、債権者から送付した請求書への対応でもそうですし、債権者から訴訟等を提訴した後の債務者の対応などについても、債権者から講じたアクションに対して、債務者がどのようなリアクションをするかを想定しながら、債権者として次のアクションを進めていく必要があります。債務者にかけるプレッシャーの程度や頻度を段階的に強めながら、債務者の逃げ道を封じていくイメージです。

債権者が、ただやみくもに、債権回収に関するさまざまな手法を進めていると、債権者のほうでもいつの間にか「あれ？自分は何をしようとしていたのかな……」と自分がどの段階で何をしようとしていたのか、やるべきことにブレが生じてきてしまいます。債権回収にとってはこのブレが弊害になります。債権者としては、最初に債権回収の全体的な流れを予測して、戦略を立てて、具体的な戦術を駆使しながら、段階的に手続を進めていく必要があります。

そのためには「全体の羅針盤」をつくることが有益です。最終目的地を予測して、そこに至るための地図を作成し、それに従って、債権回収のさまざまな手法を段階的に講じていくのです。全体の羅針盤があれば、「あれ？ 自分は何をしようとしていたのかな……」といった疑念が生じたときに、自分の立ち位置を確認することができます。「あ、今はこの段階だったな……。今回の債務者の対応がこうだったから、次はこれを進めてみよう」という具合に、次にやるべきことを明確にして進めていくことができるのです。

⑵ 「全体の羅針盤」とは？

債権回収の中で立ち返るべき「全体の羅針盤」とは何かということですが、どこかで売られていたり書式が出回ったりしているものではありませんので、債権者が自分でつくる必要があります。自分でつくることに抵抗があるかもしれませんが、そんなに難しく考える必要はありません。

私の場合は、①概要図と②時間軸を入れたフローチャートの2つの資料をつくるようにしています。たとえば、クライアントと債権回収に関する打合せを行う際には、事務所のホワイトボードを使って、打合せの中でクライアントから聞いた内容を１つずつ書き出していきます。事務所のホワイトボードは、ホワイトボードに書き込んだ内容をそのままプリントアウトしたり、パソコンにデータとして移したりすることができるタイプのものを利用しているので、そのまま紙やデータとしても保存することができます。

ホワイトボードがない場合には、大き目のA3サイズの紙を用意します。A3サイズの紙もない場合には、手元にあるレポート用紙などでも問題ありません。なお、A3サイズの紙よりも大きいサイズの用紙はおすすめできません。なぜなら、コピー機を使って複写する際に不便ですし、大きすぎると、外で見たり、車の中で見たり、電車の中で見たりすることが難しくなるからです。これらの資料は債務者の住所を訪問したり、債務者の会社を訪問したり、債務者の工場を訪問したり、いわば、債権回収の現場につねに携帯して持って行きます。債務者の資産状況を調査したり、債務者と交渉したりする前に、債権回収の全体の流れの中で、現在、自分がどこにいて、今後何をすべきかをつねに確認しながら、それぞれの手続を進めていくためのものなのです。

それでは、①概要図と②羅針盤の具体的な中身を説明します。

(3) 「概要図」を作成する

まず、①概要図ですが、[図1—12—1]（いくつかの方法を並行して進めていく）をご覧ください。債務者がどのような財産を持っているのか、不動産を持っているのか、動産を持っているのか、債権を持っているのか、取得した情報に基づいて書き入れてまとめていきます。

打合せの中で把握した情報や交渉の過程で取得した情報、資料を取り寄せて取得した情報をそのつど書き入れ、情報を増やしていきます。あとからどんどん追加していきますので、記載を追加しやすいように、スペースは大きく空けておいたほうがよいと思います。たとえば、債務者が保有している不動産はどのような状況になっているのか、担保権の設定状況はどうか、不動産の価格はどのくらいか、不動産に差押えや仮差押えはされていないかといったことを確認しながら、情報を次々と追加していきます。そして、それぞれの裏付けになる資料については、別のファイルにまとめておいて、概要図を眺めながら、気になったり、確認したくなったりした場合には、ファイルを取り出してすぐに詳細を確認できるようにしておきます。

債務者が車や在庫などの動産を保有している場合には、動産の種類は何か、売却するとどの程度の金額になるか、動産の保管場所はどこで、保管状況はどうなっているか、担保権の設定はされていないかなど、打合せや債務者との交渉の中で判明してきた事情を次々と追加していきます。不動産と同じく、それぞれの情報に関する資料を別のファイルに整理して綴じ込んでおきます。

債務者が第三者に対する債権を保有している場合には、その債権額はどの程度の金額か、第三者の所在地はどこか、債権の弁済期はいつか、債務者と第三者とはどのような間柄か、第三者は何をしていて返済能力はどの程度ありそうかなど、これらの情報のうち重要な情報を次々と書き入れていきます。資料を別にファイルしておくことは、不動産や動産と同様です。

このようにして、概要図を作成して、その後も情報を取得するつど、概要図に書き入れたり、概要図を改訂したりしていきます。概要図を見れば、債権回収の全体像や関係が、視覚的にすぐに確認できるようにしておくのです。

［図１—12—１］ いくつかの方法を並行して進めていく

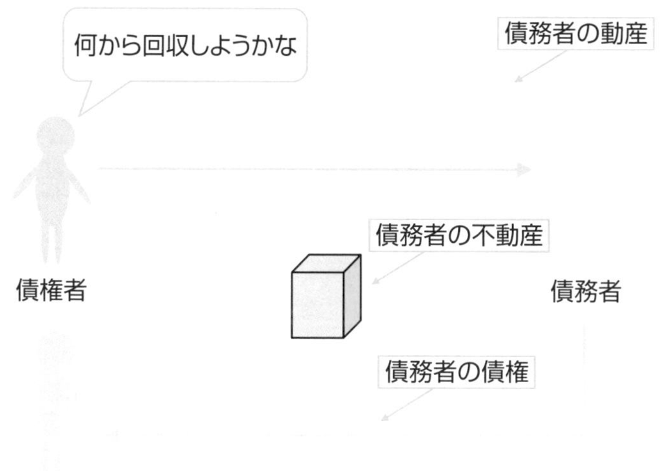

⑷ 「時間軸を入れたフローチャート」を作成する

次に、②時間軸を入れたフローチャートですが、［図１—12—２］（時間軸を入れたフローチャート）をご覧ください。

［図１—12—２］（時間軸を入れたフローチャート）には債権回収に至るまでの段階的な手続を記載しています。債務者が素直に回収に応じてくれれば○印がつきますが、債務者が素直に回収に応じてくれなかったり、回収が失敗したりすると×印がついて、次の段階に進んでいきます。

一番上の横軸が時間軸です。時間の流れに沿って現時点までの状況を記載したり、今後の状況の予測を書き入れたりしながら、フローチャートをつくり上げていきます。これを見ることで、現時点までの過去の状況（実績）と、今後予定される将来の状況（予測）が視覚的にすぐに把握することができます。

［図１―12―２］（時間軸を入れたフローチャート）に「交渉」の段階がありますが、実際に作成していくと「交渉」の段階が最も詳しくなるはずです。

時間軸を入れたフローチャートを作成する際には、たとえば、①書面で債務者に請求書を出す、②債務者から回答書がくる、③債務者の回答書が今一つ納得できないので債務者と面会する……などといった事柄を仔細に書き込んでいきます。

書き込んでいく際には、将来の予測を記載することが大切です。債務者の反応を予測して書き込んでいきます。債務者がＡと説明してきたら、こちらはＢを説明して切り返す……といったストーリーを予測して書き込んでいくわけです。

時間の流れに沿ってつねに書込みを増やし改訂していきながら、債務者との話し合いを進めていくことになります。

このようにして、全体の羅針盤を完成させた後は、それを多少改良したり、追加の情報を書き入れたりしていきながら、債権回収の交渉の過程で羅針盤を眺めながら効果的な方法を考えて、債権回収を進めていきます。

場当たり的な方法では高い回収率は望めません。現場で具体的な手続を進めようとすればするほど、全体像を見失ってしまうこともあり得ます。

私も、日頃、数十件の債権回収案件を抱えながら過ごしています。１件ずつであれば、すぐに思い出すこともできますが、数十件の債権回収が並行して進んでいるので、毎日、それぞれの案件で、さまざまなことが起きています。なかには、全体像をすぐに確認して、早急に対応しなければならないような事態も生じます。そのようなときに「あれ？ あの案件はどうなっていたかな……」、「この案件では、次に何をする予定だったっけ？」などと時間を費やすことはできません。そのような状況に自分の身をおきながら編み出したのが、①概要図と②時間軸を入れたフローチャートなのです。

これらのツールを活用して、つねに全体像を意識しながら、今がどのフェーズにあるのか、全体から俯瞰しつつ、個別具体的な手続を進めていくようにしてください。

[図1―12―2]　時間軸を入れたフローチャート

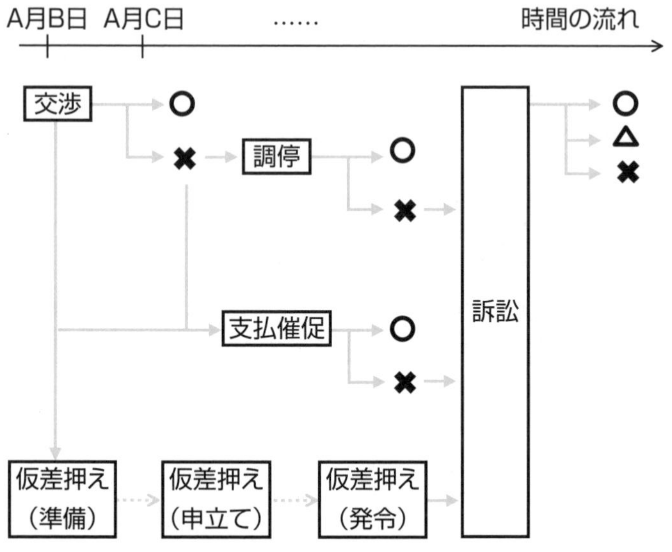

13. 債権回収は「点」ではなく「線」でとらえる

(1) 債権回収における「点」とは？「線」とは？

これまでさまざまな立場の方々といっしょに、どのように債権回収を進めていくかの作戦を立てて実行してきました。その経験を通して、気づいたことがあります。

それは、フローでとらえるのが苦手な人が意外なほど多いということです。これは一般の依頼者の方ばかりではなく、同業者である弁護士や、税理士や司法書士などその他の士業の方にもあてはまることです。

フローというのは「流れ」のことです。時間の流れの中で債権回収の戦略を立てて、戦術を駆使していくという発想に欠けている人が意外に多いのです。債権回収の打合せをすると、どうしても「今の状況からすると、債務者には、資産Aと資産Bしかありませんし、いずれも他の債権者から担保権が設定されてしまっているので、債務者からの回収は難しそうです……」などと考えがちです。この発想はいわゆるバランスシート的な発想です。時間軸を現時点に固定してしまって、資産・負債を考えて、債権回収の可否を判断してしまう考え方です。これが「点」で考えるということです。

これに対して「線」で考えるというのは、時間軸を現時点に固定せずに、一定の期間の幅をもって考える方法です。「現時点では、債務者には資産Aと資産Bしかありません。確かに、いずれも他の債権者に担保権が設定されてしまっているので、資産Aと資産Bからの回収は難しそうです。ですが、2週間後には資産Cが債務者の財産になります。2週間後に資産Cが債務者の財産になった段階で回収を図っていくことができるのではないでしょうか」というように考えるのです。これが「線」で考えるということです。

「線」とか「点」といっても抽象的でわかりづらいと思うので、具体例をあげて、もう少し説明します。

たとえば、あなたが債務者に対して100万円の債権を保有していたとします。債務者は「どうしても今はお金がないから払うことができない」と言っています。でも、債務者は中古車を1台持っています。中古車の価格は60万円程度です。債務者が「100万円の支払いの代わりに、この車1台をあげるから、勘弁してほしい」と言っています。

この場合に「100万円が回収できないのであれば、中古車1台だけでももらっておいたほうがよいか……」と考えるのは「点」の発想です。

これに対して「債務者は『今は』お金がないと言っているけど、仕事もしているし給料日になればお金が入ってくるはずだ……」と考えるのが「線」の発想なのです。

一番良いのは「点」の発想と合わせて「線」の発想をもつことです。この例でいえば「それではとりあえず中古車1台をもらっておいて、残りは給料日ごとに分割にしてください」という方向で債務者を納得させるように話を進めるのが望ましいのです。

また、会社の資金繰りを想像してみてください。たとえば、1月に注文を受けて、2月に着工して、3月に完成する。4月初旬に請求書を送付して、支払期限が4月末だったりするわけです。取引はすべてフローで行われています。そういった意味では「今は手元にお金がないので、来月まで待ってください」という言い訳にも、確かに耳を傾けるべき要素があるのです。そのフローに沿って資金の入金や出金が行われています。この入金と出金のタイミングを予測して債権回収の手法を講じていく姿勢が大切です。資金が潤沢そうなタイミングを狙って考えていくわけです。

⑵ 債権回収は「点」だけではなく「線」でとらえて進めよう！

債権回収の場面においては、時間の経過に沿って、状況は日々刻々と変化していきます。入ってくる情報も変われば、債務者のキャッシュフローも変わってきます。バランスシート的な「点」の発想で考えた後に、それぞれの状況が時間の流れの中でどのように変化していくかを予測しながら「線」の発想でとらえて、債権回収を講じていくようにしてください。

また、債権回収を「点」でとらえるという発想は、場合によっては債務者の息の根を止めかねません。

たとえば、債務者が取引している銀行の預金口座を差し押さえたら債務者はどのような状況に陥るでしょうか。債務者は銀行に呼び出されて根ほり葉ほり状況を聞かれて、場合によってはそれまでの粉飾決算も明るみにでて、ロールオーバー（借換え）の資金も借りられずに運転資金がなくなってしまって、倒産してしまう……なんてことも起こり得るのです。

債務者の預金口座の差押えが功を奏して全額回収できればよいのですが、運悪く債務者の口座に預金がなければ差押えも空振りになります。そして、気づいたら、債務者が倒産してしまって、結局、１円も回収できなかったという経験もあります。その後に起こりうる事態を十分に考えずにとにかく債権回収を急ぐというのは債権回収を「点」でとらえるバランスシート的な発想なのです。

これに対して、今の時点だけではなくて、あなたがとったアクションが債務者にどのような影響を与え、どのような事態を招くかを慎重に考えたうえで、最終的に満額の債権回収をめざすというのは債権回収を「線」でとらえる発想なのです。

債権回収を「線」でとらえるためには、債務者のキャッシュ・フローを予測してフローでみていくことが必要になります。債務者は今まとまったお金をもっていないとしても、債務者の息の根を止めなければ、債務者は今手元にある10万円を元手として将来1000万円をつくるかもしれません。そうすると、進め方次第では、満額の債権回収もできるかもしれません。

債権回収を「点」で考えて預金の差押えをする場合でも、いったんは債権回収を「線」で考えて時間の流れの中で、どのタイミングで預金の差押えを行うかを慎重に選択する必要があります。この場合には、会社や事業者の支払いサイトを考えます。

多くの会社や事業者は、煩雑な支払事務を楽にするために、5日、10日、15日、20日、25日、30日といわゆる「五十日（ごとうび）」に支払いをまとめて行っています。そうすると、資金繰りが楽ではない債務者も、支払日前には支払原資を確保するための決済資金を何とか用意しようとしているはずです。債権回収を進めるにあたっては、債務者の預金口座に一番お金がありそうな時期を狙って、交渉を進めたり、預金口座の差押えを検討したりする必要があります。

相手の決済のサイトがわからない場合には、平常時に何気なく相手に聞いておくとよいと思います。「うちは5日、10日に支払いをまとめているのですが、おたくはどうしていますか……」程度の話をふってみるとよいのではないかと思います。平常時であれば「うちは、20日と25日に支払いが多いのです……」などとさらっと答えてくれることが多いと思います。

［図1−13］　債権回収は「点」ではなく「線」でとらえる

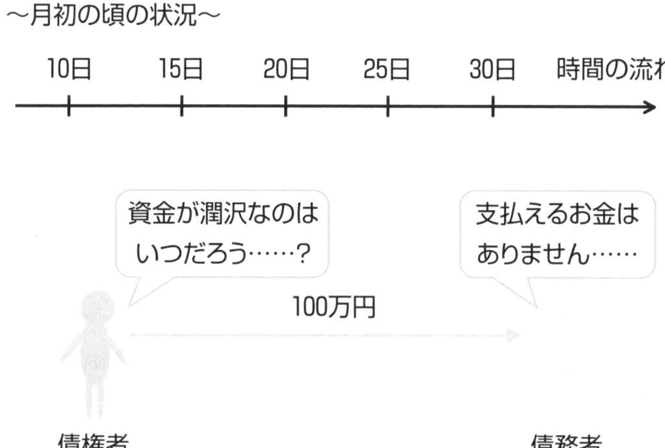

14. 債権回収は「点」ではなく「面」でとらえる

(1) 債権回収における「点」とは？「面」とは？

債務者が現金で支払いをしてくれればよいのですが、債務者の手元に現金がなさそうなときにどのようにするかを考える必要があります。債務者に現金がなければ、次善の策として、債務者が保有している財産からの回収を図る必要があります。

最初の債務者が保有している現金のみを債権回収のターゲットとしてとらえるのが「点」で考える発想です。これに対して、債務者が保有している現金だけではなく、債務者が保有している他のすべての資産を債権回収のターゲットとしてとらえるのが「面」で考える発想です。

具体例をあげて説明します。債権者が債務者に対して2500万円の債権をもっている場合を考えてみてください。

債務者は現金を持ち合わせておらず、今後の収入も乏しく、現金による回収はこれからもほとんど期待できない状況にあります。ただ、債務者は自宅（1500万円相当）や車などの動産（150万円相当）や債務者が第三者に貸し付けている債権（500万円相当）を保有しているとします。多少極端な例ですが、それ以外の債権者がいることは考えないでください。

この場合に、あなたは債務者の自宅を売却させて債権を回収しますか。それとも動産を売却して債権を回収しますか。もしくは債権を売却するなりして債権を回収しますか。「自宅の価値が一番高いので自宅を売却するのが一番よいのではないか……」と考える人も多いかもしれません。確かに自宅が1500万円相当なので、ここからの回収を図ることは妥当なことです。他方で「いやいや、自宅は売ってお金にするまでには何カ月も時間がかかるから、動産を売却してお金に換えて、そこから回収するのが一番早い。金額は下がるけど、動産でいいや」と考える人もいるかもしれません。

確かに、不動産を売却するのは簡単ではありません。債務者を納得させて、不動産業者に依頼して買受希望者を募って、条件が揃うまで粘り強く売却手続を進めなければなりません。債務者に引っ越してもらう必要もでてくるかもしれません。相当の時間がかかります。自宅は債務者の生活の本拠ですから、債務者に対する説得も簡単ではないことが予測されます。

それに比べて、動産は速やかに売却することが可能です。車であれば中古車を買い取ってくれる業者はたくさんいるし、それ以外の動産も動産類の買取り業者はたくさんいるので、債務者の納得が得られれば、早期に現金化することも可能かもしれません。

これらに対して、「いやいや、不動産も動産も売却するのが面倒だ。債務者が貸している第三者は羽振りがよさそうにも聞いている。いっそのこと債務者が第三者に貸し付けている債権を債権譲渡か何かしてもらって、この第三者から回収するほうが手続は楽ではないか。債務者を相手にしてこれまで散々やってきたけど、これからは第三者を相手にしたほうがよさそうだ。

しかも金額も500万円だし……」と考える人もいるかもしれません。確かに債権譲渡通知は債務者から第三債務者に通知をだせば済みますし、手続的にも時間的にもこの方法が一番楽で早いかもしれません。

ですが、これらの考え方はいずれも不適切です。これらはいずれも債権回収を「点」でとらえる考え方です。不動産からの回収、動産からの回収、債権からの回収と個別に考えてしまっています。

めざす目的は「債務者からの回収」です。債務者が保有しているすべての財産から同時並行的に債権の回収をめざすべきなのです。これが債権回収を「点」でとらえるのではなく、「面」でとらえる考え方です。

(2) 債権回収は「点」だけではなく「面」でとらえて進めよう！

先ほどの例をあげて話をすると、「いやいや、最初からそのように考えていましたけど……」と答える人がいるかもしれません。でも債権回収に不慣れな方や、多少債権回収に慣れていても、債務者とのやりとりの中で、時間も労力も使って、根気がなくなってしまい、債権回収の全体の羅針盤を見失ってしまっているような方はこのような発想に陥ることがあるのです。

あくまでめざすのは「債務者からの回収」です。個別の資産を切り分けて考えるのではなく、債権回収を「面」でとらえて最大限の回収をめざしていくことを忘れないでください。

忘れないだけではなく、その姿勢を債権回収の最初から最後まで徹底してください。考え方を維持していくことは、それほど簡単ではありませんし、根気のいることですが、それができるかが、債権回収の結果を左右するのです。

［図1―14］　債権回収は「点」ではなく「面」でとらえる

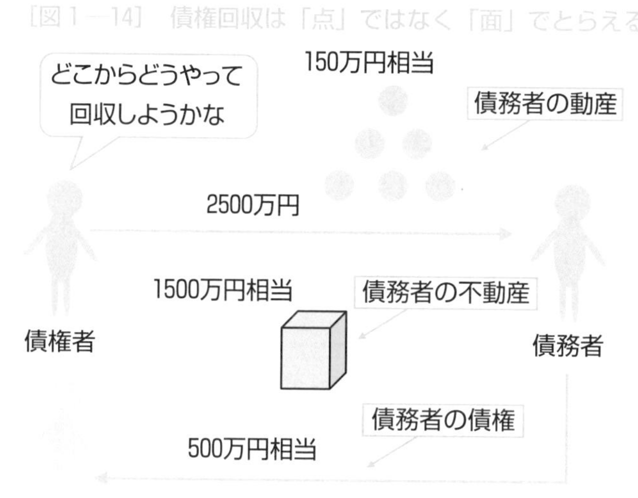

15. 犯罪にならないように気をつける

(1) 債権回収の現場は複雑に入り組んだ感情の縮図である

債権回収の現場は感情の坩堝（るつぼ）です。支払いの約束を破る債務者に対して、多くの債権者が、その金額や、債務者との関係に応じて、さまざまな感情を抱いています。債務者が支払いをしない期間が延びるほど、債権者の対応も強硬なものになっていく傾向にあります。債権回収の現場には焦りもあれば、憤りもありますし、混乱も生じます。

ですので、債権回収を行うにあたっては、勢い余って罪を犯さないように注意することが必要です。刑法の条文というと難しく感じられるかもしれませんが、一度、読んで理解しておいていただければ大丈夫です。

そのうえで「あれ、こんなことして大丈夫かな……」と感じる場面もあると思いますが、その際には、一度、弁護士に相談してください。その勘所をもつかもたないかが、罪を犯してしまうか、犯さないかで済むかの分かれ道になります。債権回収のために、罪を犯して前科持ちになるなんてわりに合う話ではないので、転ばぬ先の杖として、一度、条文を読んで確認しておいてください。

(2) 暴行罪（刑法208条）・傷害罪（刑法204条）

それでは、順に説明していきます。まずは、暴行罪（刑法208条）と傷害罪（刑法204条）です。法律は次の内容を定めています。

◆刑法204条（傷害）

人の身体を傷害した者は、15年以下の懲役又は50万円以下の罰金に処する。

◆刑法208条（暴行）

暴行を加えた者が人を傷害するに至らなかったときは、2年以下の懲役若しくは30万円以下の罰金又は拘留若しくは科料に処する。

暴行とは相手に対して有形力を行使することをいいます。のらりくらり言い訳をして支払いをしない債務者を殴る、蹴るといったことをしてしまいますと、暴行罪（刑法208条）に該当してしまい、刑事事件に発展する可能性があります。そのうえで、債務者に怪我を負わせてしまうと傷害罪（刑法204条）に該当してしまい、暴行罪（刑法208条）よりも重い責任を問われることになってしまいます。

(3) 脅迫罪（刑法222条）・強要罪（刑法223条）・恐喝罪（刑法249条）

次に、脅迫罪（刑法222条）、強要罪（刑法223条）、恐喝罪（刑法249条）です。法律は次の内容を定めています。

◆刑法222条（脅迫）

1　生命、身体、自由、名誉又は財産に対し害を加える旨を告知して人を脅迫した者は、２年以下の懲役又は30万円以下の罰金に処する。

2　親族の生命、身体、自由、名誉又は財産に対し害を加える旨を告知して人を脅迫した者も、前項と同様とする

◆刑法223条（強要）

1　生命、身体、自由、名誉若しくは財産に対し害を加える旨を告知して脅迫し、又は暴行を用いて、人に義務のないことを行わせ、又は権利の行使を妨害した者は、３年以下の懲役に処する。

2　親族の生命、身体、自由、名誉又は財産に対し害を加える旨を告知して脅迫し、人に義務のないことを行わせ、又は権利の行使を妨害した者も、前項と同様とする。

3　前２項の罪の未遂は、罰する。

◆刑法249条（恐喝）

1　人を恐喝して財物を交付させた者は、10年以下の懲役に処する。

2　前項の方法により、財産上不法の利益を得、又は他人にこれを得させた者も、同項と同様とする。

相手を脅した場合には脅迫罪（刑法222条）に該当します。相手を脅してお金を支払わせた場合には恐喝罪（刑法249条）に該当します。さらに注意が必要なのが強要罪（刑法223条）です。腹が立ったからといって、その仕返しに債務者に義務のないことを行うように強制したりすると、犯罪に該当する可能性があるのです。

⑷　逮捕及び監禁罪（刑法220条）

続いて、債務者を会議室や事務所に閉じ込めて支払いをするまで帰ることを許さないといったことをしてしまうと、逮捕及び監禁罪（刑法220条）に該当することがあります。法律は次の内容を定めています。

◆刑法220条（逮捕及び監禁）

不法に人を逮捕し、又は監禁した者は、３月以上７年以下の懲役に処する。

⑸　名誉毀損罪（刑法230条）・侮辱罪（刑法231条）など

続いて、支払いをしない債務者に腹を立てて、債務者を侮辱する行為をした場合には侮辱罪（刑法231条）が成立する可能性があります。また、支払いをしない債務者の悪評を流して債務者の社会的名誉を害したり、債務者の信用を低下させてやろうと考えて虚偽の情報を流したりすると、名誉毀損罪（刑法230条）や信用毀損及び業務妨害罪（刑法233条）や威力業務妨害罪（刑法234条）が成立する可能性があります。

◆刑法230条（名誉毀損）

1　公然と事実を摘示し、人の名誉を毀損した者は、その事実の有無にかかわらず、３年以下の懲役若しくは禁錮又は50万円以下の罰金に処する。

2　死者の名誉を毀損した者は、虚偽の事実を摘示することによってした場合でなければ、罰しない。

◆刑法231条（侮辱）

事実を摘示しなくても、公然と人を侮辱した者は、拘留又は科料に処する。

◆刑法233条（信用毀損及び業務妨害）

虚偽の風説を流布し、又は偽計を用いて、人の信用を毀損し、又はその業務を妨害した者は、３年以下の懲役又は50万円以下の罰金に処する。

◆刑法234条（威力業務妨害）

威力を用いて人の業務を妨害した者も、前条の例による。

⑹　権利の行使と犯罪の垣根に注意しよう！

「支払いをしない債務者が悪いのに、どうして債権者に犯罪が成立するんだ……」と感じた方もいるかもしれません。確かに支払いをしない債務者も悪いのですが、だからといって債権者が何をしてもよいというわけではありません。日本は法治国家ですので、権利の行使も法律に従って行わなければなりませんし、権利者だからといって、犯した罪が許されるわけではありません。債権者も法律にのっとって権利行使をしていかなければならないのです。

権利行使と犯罪の成否に関しては古くから争われてきた分野の１つですが、最高裁判所の裁判例は「他人に対して権利を有する者が、その権利を実行することはその権利の範囲内であり且つその方法が社会通念上一般に忍容すべきものと認められる程度を超えない限り、何等違法の問題を生じないけれども、右の範囲程度を逸脱するときは違法となり、恐喝罪の成立することがある」（最高裁昭和30年10月14日判決）と判示しています。

つまり、権利行使であっても、あくまで「社会通念上一般に受忍すべきものと認められる限度を超えない」方法で行わなければならないということです。

一般論としては、債務者に対して、そのような方法で権利行使をすることが本当に必要なのか（必要性）ということと、その権利行使の方法は社会通念上も許されるものなのか（手段の相当性）という2つの要素を意識しながら、債権回収を進めていく必要があります。

具体的に、その場面で犯罪に該当するかどうかは法的な判断も必要なところです。今は注意すべき犯罪があるということを理解しておけば問題はありません。個々の債権回収の場面で「あれ？ こんなやり方して大丈夫かな……」と感じた場合には、弁護士に相談して、確認したうえで債権回収を進めるようにしてください。

[図1―15]　犯罪にならないように気をつける

債権回収の現場で生じがちな犯罪

刑法204条（傷害）
刑法208条（暴行）
刑法222条（脅迫）
刑法223条（強要）
刑法249条（恐喝）
刑法220条（逮捕及び監禁）
刑法231条（侮辱）
刑法233条（信用毀損及び業務妨害）
刑法234条（威力業務妨害）等

第2章

債権回収の備え
～回収率を高める「転ばぬ先の杖」～

債権を100%回収するための最も効果的な方法は何でしょうか？ それは、そもそも支払いが滞らないようにすることです。支払いの滞りが生じなければ、債権は100%回収できます。支払いの滞りが生じなければ、そもそも債権回収の問題も生じません。

私は日々の相談業務の中で、「あ〜！ 日頃からそのような備えでは駄目です。そのような備えだから支払いの滞りが生じてしまうのだと思います」、「そのような対応や姿勢だから支払いの滞りが生じてしまうのだと思います」、「支払いの滞りを防ぐためには、こうしておかないといけないんです」といったアドバイスを来る日も来る日も繰り返しています。

支払いの滞りが生じた場面、あるいは支払いの滞りが生じそうな場面に直面して、初めて債権回収を意識される方がほとんどだと思いますが、日頃から債権の焦げ付きが生じないような備えをしておくこと、日頃から債権の焦げ付きが生じた場面に最大限の回収を図ることができるようなしくみをつくっておくことこそが、究極の債権回収の方法だと感じています。

そこで、以下では日頃から行っておくべき、債権の焦げ付きを防ぐための工夫とノウハウ、万が一支払いの滞りが生じたとしても債権の回収率をあげられるようにするための工夫とノウハウを紹介します。

1. 債権が焦げ付かないようにする必要性は？

(1) 債権が回収できなかったらどうなるの？

日々の債権回収の相談業務の経験を通して気づいたことがあります。それは「そもそも債権が回収できなければどのようになるのかをしっかりと理解している方は意外に少ない」ということです。

もちろん、企業や事業者は商品やサービスを提供して、対価を得て、企業や事業を運営しているわけですから、自身が提供した商品やサービスの対価を回収できなければ問題だというのは当然だと思います。でも、それが具体的にどのように企業や事業に影響を与えるのかを数字面でしっかりと把握している方は多くありません。

具体例をあげて説明します。たとえば、ある債権者が債務者に対して100万円の商品を販売しました。この商品の利益率は５％です。すなわち、100万円の商品を販売できて、100万円を回収できれば、債権者は５％の利益（５万円）を得ることができるという状況にあります。この場合に債権者が債務者から100万円の債権を回収できなかったときに、債権者はいくらの損失を被るでしょうか。

債権者は５％の利益を得ることができなかったのだから、５万円の損失を被ったと考えた方は、間違っています。

利益率５%の100万円の商品を販売して代金を回収できなかった場合、損失は５%の利益（＝５万円）にはとどまりません。商品を販売するに際しては、さまざまなコストがかかっているはずです。製造・販売業であれば材料の仕入れに要する費用や人件費、水道光熱費など数えていくと100万円の商品の販売に費やしたコストはどんどん膨らんでいきます。商談や実際の販売にかかった時間や精神面の負担なども数字には表れませんがコストです。

債権者が回収できない100万円の商品の販売に費やした時間を他の第三者に販売するための時間として使えば、ひょっとすれば、商品も１個ではなく、２個、３個と販売できた可能性だってないわけではありません。時間の損失というコストは、機会の損失につながります。機会の損失は売上の損失にもつながりますし、売上の損失は利益の損失にもつながっていきます。そうすると、債権者が被る損害は決して５万円にとどまるものではないことをご理解いただけると思います。

［図２―１―１］　債権回収に失敗したら？

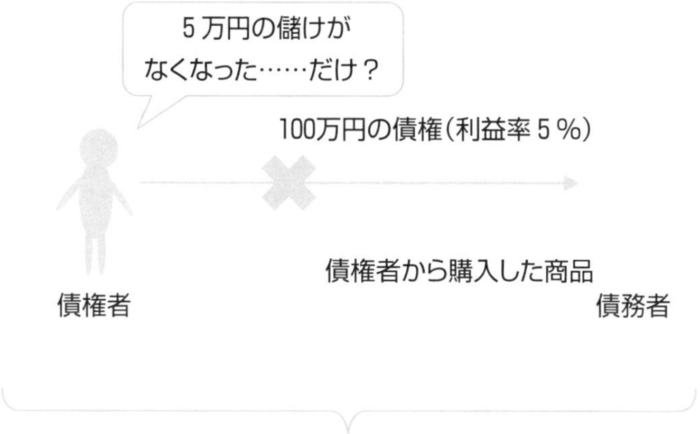

５万円の儲けが
なくなった……だけ？

100万円の債権（利益率５％）

債権者から購入した商品

債権者

債務者

商品の販売にはさまざまなコスト（①製造原価②人件費③一般管理費④宣伝・販促費⑤物流費⑥倉庫保管料など）がかかっている！
それ以外にも時間・費用・労力・精神的な負担などのコストもかかっている！

⑵　債権回収の失敗を取り戻すためには？

それでは、次に、債権者が債務者に100万円を貸していましたが、債務者から100万円を回収することができなかった場合を検討してみましょう。債権者は製造・販売業を営んでいて、販売する商品の利益率は５％です。この場合、債権者が債務者から取り損ねた100万円を本業である製造・販売業の業務活動の中で取り戻すとすると、何をどのようにしなければならないでしょうか。

この場合、債権者は本業に精を出して、一生懸命働いて、100万円の損失の穴埋めをしなければなりません。そのため、商品の利益率は５％ですから、100万円の損失の穴埋めをするためには、債権者は2000万円の売上をあげなければならないのです。債権回収に失敗した金額は100万円であっても、それを取り戻すためには2000万円もの売上を稼がなければならないという事態につながることをご理解いただけたと思います。

大企業であればともかく、日本の企業の98%以上を占める中小企業や個人事業者が短期間に2000万円も売上を増やすことは決して容易ではないはずです。

だからこそ、債権回収の問題が生じないようにするために平常時からさまざまな工夫を行っていくことが必要ですし、債権回収の問題が生じそうなときには１円でも多く１秒でも早く債権の回収をめざしていく姿勢が必要になるのです。

［図２－１－２］　債権回収の失敗を取り戻すには……

100万円を
取り戻さなきゃ……

100万円の貸付債権

債権者

債権者の商品
（利益率５％）

債務者

100万円を取り戻すためには商品を第三者に販売して
2000万円の売上をあげなければならない！

第三者

2. 新規取引の際の注意点

(1) 取引相手の信用や資力は？

取引を行う相手がしっかりしていれば、そもそも債権回収の心配をする場面は少ないかもしれません。取引相手が大企業などで信用も資力も十分であれば、債権の焦げ付きが生じる可能性も低くなります。

ただ、日本の企業の98%以上を占める中小企業やかなりの数の個人事業者は大企業と取引できる機会のほうが少ないと思います。このような場合は、長年にわたって取引をしているけれどこれまで１度も支払いの遅れがないとか、信頼と資力がある取引先からの紹介で実際に何回も取引してみたけれども１度も支払いの遅れがないといった実績などから相手の信用や資力を推し量っていく必要があります。

いずれにせよ、取引相手の信用や資力を前提にして取引内容や取引量を調整していくという姿勢をもつことが大切です。信用できる取引先と取引を行うということが、支払いの滞りを防ぎ、万が一債権回収の必要が生じた場合にも回収率を高めるための重要なコツです。

(2) 新規の取引先には要注意

どのような取引相手に注意する必要があるかについて、いくつかのポイントがあります。

まず、最も注意していただきたいのは新規取引の場面です。日頃の債権回収業務のうち、よくでてくるのが、新規に取引した相手に対する債務回収の相談です。

新規の取引についてはこれまでの実績はないので、入手可能な客観的な情報の中から注意深く情報を読み解き、相手の信用や資力を推し量りながら取引を進めていく必要があります。よく「新規取引ですが、日頃から仲よくしている社長からの紹介だから大丈夫だと判断したのですが……」などと言う方がいますが、甘い考えです。かりに信用できる取引先や知人からの紹介だったとしても、紹介してくれた取引先や知人が信用できることと、紹介された取引先が信用できることは別問題です。

新規の取引先については、たとえそれが誰の紹介であったとしても、いきなり大きな取引をすることなく、小口の取引を継続する中で相手方を観察したり、相手方の情報を入手したりしながら、相手の信用や資力を推し量っていくという姿勢が大切です。

(3) 取り込み詐欺の手口とは？

世の中の変化に伴い次々と編み出される詐欺の手口ですが、その中の１つに「取り込み詐欺」というものがあります。昔からあるオーソドックスな詐欺の手段ですが、その手法も多様化・複雑化してきており、今でも多くの方が被害にあわれています。

一般的な取り込み詐欺の手口は次のようなものです。

ある日突然、誰かの紹介ではなく、電話やFAXや電子メールなどで新規の取引の話がきて取引が始まります。初めのうちは少額の取引が繰り返されます。その後、大きめの取引に発展していきます。それまでには債権者も債務者を信用するようになっているので、注文に応じて商品を納入してしまいます。ですが、支払期日になっても支払いがされません。債権者が「あれ？ おかしいな？」と感じて債務者に連絡しても、電話が通じません。電話が通じないので、債権者が債務者の住所を訪ねると、債務者は行方をくらましてしまっている……といった事態に到ります。

最初は小口の取引を繰り返して多少の実績をつくって、債権者を信用させておいて、その後、機会をみて詐欺的取引を仕掛けるわけです。

なかには手の込んでいる詐欺グループもあって、債権者を信用させるために、複数の業者で結託して詐欺的取引を仕掛けたり、実際に事務所をかまえて債権者を信用させたり、債権者を豪華なパーティーに招待したりして親交を深めて債権者の信頼を得た後に、詐欺的取引を仕掛けたりとさまざまな悪知恵を働かせて、債権者から商品をだまし取ります。

実際に取り込み詐欺師の側で刑事弁護を担当したことがあります。守秘義務があるので、詳しくは話せませんが、彼らは相当用意周到に準備を重ね、相手の心理にうまくつけ込み、詐欺を行います。人間心理を研究し尽くした形であの手この手を使って犯罪行為を繰り返します。ですので、新規の取引先で、いきなり大口の取引の注文が入った場合には、注意してください。

何でも疑うのはよくないことかもしれませんが、だまされないためには必要なことです。

(4) 怪しい取引の兆候は？

詐欺にあった被害者は口々に「だまされるとは思わなかった……」、「だまされているとは気づかなかった……」という話をします。知らないうちにだまされているというのが詐欺の被害者の共通点です。

ですから、詐欺被害にあわないためには、怪しい兆候を敏感に感じ取って、慎重に対応することが必要になります。

怪しい兆候としては、取引が始まって間がないにもかかわらず急に取引が拡大する場合や、次から次に登場人物がたくさん出てくる場合や、誰にも言わないけれどあなただけに教える美味しい儲け話などがあります。

短期間に登場人物がたくさん出てきてよくわからないうちに取り込み詐欺にあっているケースや、商品の販売を断ったにもかかわらず「商品を納入してもらわないとうちも困ります。うちが販売する先は、うちが時間をかけて営業してようやくとれた大口の取引です。値段は2割増しでよいですから……」などという話も注意が必要です。

ほかにも「あなただけにこっそり教えます……」とか、「あなただけ特別です……」とか、「誰にも言わないと約束していただけますか……」といった言葉も詐欺師が使う典型的な言葉です。特別感を出して、相手の優越感をくすぐりながら、相手の心の隙につけ込んで、詐欺の罠にはめようとしているわけです。

対処法としては「常識的に考える」こととか、「自分の立ち位置を客観的にみる」こととか、「美味しい話には裏があると考える」ことなど、自分自身の考え方や物の見方を少し考えるだけなので、簡単なことです。美味しい話があったときは、自分自身に置き換えて考えてみる習慣をつけてください。

たとえば、あなたの周りに美味しい話があったとして、あなたは誰かに教えますか。まずは自分の身内に教えるかもしれません。次に信頼できる友人に教えるかもしれません。でも、少なくとも新規の取引を開始した相手には突然出てきた美味しい話を教えないのではないでしょうか。そのような話は「まゆつば」ものです。「幻想」です。まさに「美味しい話には裏がある」ということです。そんなに美味しい話であれば、赤の他人には教えないだろうと、当たり前のように考えられることが必要なのです。

⑸　新規で取引をする前に行うこと

新規取引はいろいろな危険が潜んでいることをご理解いただけたかと思います。新規取引は用心して、慎重に取引を進めることが必要です。そして、新規の取引に入る前に行っておかなければならないことがあります。

それは、相手の素性を確かめるということです。

誰もが知っているような名の知れた大企業であればあまり気

にする必要はありませんが、中小企業や個人事業者と取引をする際には、必ず会社や事業の代表者の素性をわかる範囲で確認しておいていただきたいと思います。

大部分の中小企業や個人事業は代表者イコール企業や事業といえます。ですので、まずは代表者に関することを調べてください。信用調査機関に調査依頼を行うことも入念な方法だと思いますが、すべての取引先に関していちいちそのようなことはできないことのほうが多いでしょうから、すぐにできる方法で、代表者の素性を調べてください。

情報の取得と判断の方法については第1章11.「債権回収は情報戦」の項目で説明したので今一度確認しておいてください。

[図2－2] 新規の取引先は要注意

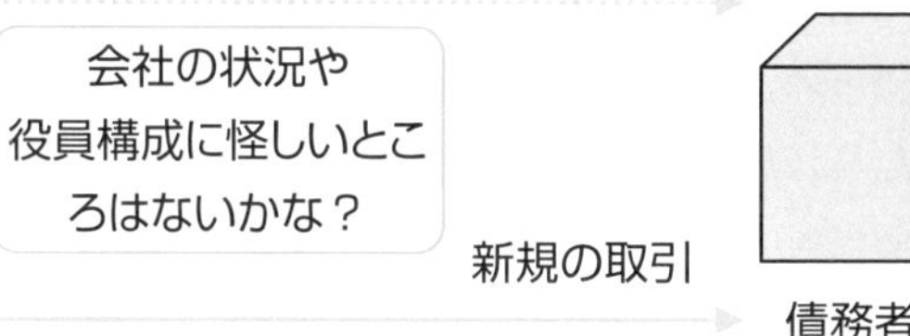

3. 取引先の情報を「取得」して「管理」しておく

(1) 取引先の情報を一番取得しやすい時期は？

取引先の情報を一番取得しやすい時期はいつでしょうか。それは平常時です。平常時が最も豊富に情報を取得できる時期であることは誰も疑わないでしょう。

たとえば、あなたが債権者だとして、あなたの債務者はどのような車に乗っていますか。きちんと把握できていますか。車に関していえば、債務者の乗っている車が変わったら要注意です。リース会社などに車を引き上げられてしまった可能性があります。もちろん事故の可能性もあるので、このような場合には率直に債務者に「あれ？ 車替わりましたね」と聞いてみるとよいと思います。債務者が言いよどんだり、答えが出てこなかったりした場合には若干怪しさを感じます。大事なのは日頃から債務者の状況を観察することです。

債務者の状況を知るには信用調査会社に確認するという方法がありますが、相応の費用がかかりますし、情報の鮮度という意味では、やはり債権者自身が自分の目で見るのが一番ではないかと思います。正確な生の情報という意味では債権者自身の目にはかないません。

(2) 債務者の状況を把握するための最善の方法は？

債務者の状況を把握するための最善の方法は、足しげく債務者のもとを訪問して、債務者の状況を知ることです。足しげく訪問すれば、変化の兆しを知ることができます。取引や関係が順調なときほど、足しげく訪問しておくとよいと思います。

把握したい債務者の情報は、債務者が会社の場合であれば、代表者の経歴、性格、資質、信用性、自宅、家族構成、本社の場所や状況、不動産の保有状況、営業所や工場の状況、取引金融機関の口座（支店名）、従業員の人数などです。債権の滞りが生じる場面では、債務者は資金繰りに躍起になっています。そのような場面では、当然それにあわせて、債務者側の状況は大きく変化します。この「変化」の兆しをいち早く察知することが、万が一債権の滞りが生じた場合にも、債権の回収率を高めるためのコツです。

特に、何かのきっかけで債務者の決算書を取得できれば、そこからさまざまな情報を読み取ることができます。ただし、中小企業の決算書はほとんどが大なり小なり粉飾されているので、その分を割り引いて考える必要があります。決算書の中には売上そのものを粉飾している悪質なケースもあります。

とにかく、業績が悪化すると債務者は同じことを考える傾向にあります。債務者が考えるのは「決算内容が悪いと金融機関からの融資を得られないのではないか」、「決算内容が悪いと金融機関から債権回収をされるのではないか」、「決算内容が悪いと金融機関から保有資産の売却を要求されるのではないか」といったことです。そのため、あの手この手を講じながら、決算書の内容が悪くなりすぎないように、決算書の内容が債務者の事業に影響を与えないように、決算書の内容をお化粧しているのです。

ですので、債権者としては、債務者の決算書の内容を鵜呑みにすることなく、割り引いて考える必要があるのです。

(3) 取得した情報はどうするの？

情報は取得するだけでは意味がありません。取得した情報を活用できる状態で記録に残して初めて、情報は情報としての価値を有することになります。記録に残す方法ですが、記憶では駄目です。記憶は日々刻々と薄らいでいきますし、時間の経過とともに変容していきますので、信用できません。ですから、記憶ではなく記録として保管していく必要があります。情報の保管は必ず書面またはデータで残すように心掛けてください。情報を記録に残すのは、将来、裁判手続を行う際の証拠にしたり、あとから債権回収の具体的手法を検討したりする際の検討の土台にするためですので、しっかりとそのような使用目的に耐えられる形で保管しておく必要があります。

また、情報は保管するだけでは価値がありません。保管した情報をしっかりと活用できて初めて、情報は情報としての価値を有します。情報としての価値は時間の経過に比例して下がっていきます。最新の情報が反映されていなければ、いかに情報を保管していたとしても意味はありません。債務者に関する情報は日々の暮らしの中でどんどん変化していきます。ですので、債権者としても債務者に関する情報が変化するつど、こまめに情報を更新していく必要があります。古い情報では価値がありません。つねに最新の情報にアップデートしておく必要があるのです。

［図2－3］ 日頃から取引先の情報の「取得」と「管理」に努める

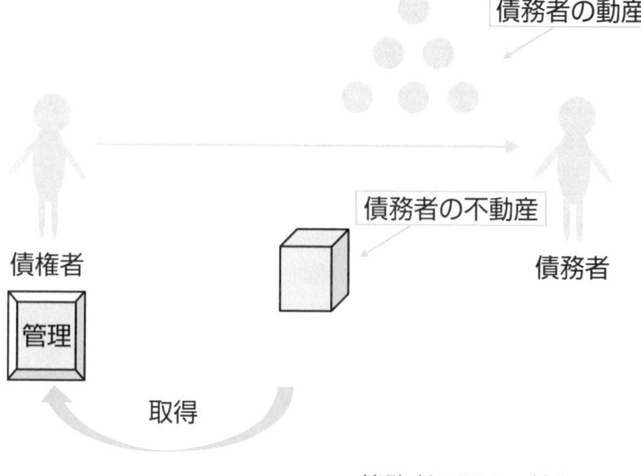

4. 日頃から取引に関する資料を整理する習慣をつける

(1) 資料整理の大切さ

債権回収の具体的な方法を検討するにあたっては、債務者がどのような者で、債権者がその債務者に対して保有している債権の内容がどのようなもので、どのような経緯で債権が焦げ付いて、債務者はどのような対応をしているのか等の事情を踏まえて、具体的にどのような方法で債権回収を進めるのが効果的かを検討して、戦略を立てながら進めていく必要があります。その際には、権利関係の存否や、権利の強弱、相手の反論の当否、債権の性質を前提とした法的な視点から検討することも大切です。

そのような検討を進める前提として、資料の確認が不可欠です。債権回収の過程で裁判手続に進んだ段階で裁判所にどのような判断をされるかを予測しながら、今後の戦略を立てていく必要があります。裁判手続では証拠がすべてなので、将来証拠となり得る資料がどの程度揃っているかを確認しながら、戦略を立案していくことが重要です。

私が債権回収の相談を受ける際には、相談者に「関係しそうな資料はとにかくすべてお持ちください」と伝え、手元にある資料をすべて持参していただくようにしています。お持ちいただいた資料を打合室の机の上に並べて、いっしょに資料を整理しながら、経緯や状況の確認を行い、時系列に沿って債権回収の今後の方針を立てていきます。しかし、資料を廃棄してしまっている方もいれば、資料が散逸してしまっている方もいれば、資料が整理されていない方も多いのです。そして、追加で資料の提出をお願いしても１週間以上待っても提出していただけないこともまれではありません。債権回収は時間との戦いなので、このような状態だと債権回収の着手が遅れ、その分将来的な債権の回収率はどんどん低下していきます。

⑵　必要な資料は日頃から整理しておくこと

支払いの滞りが生じて債権回収を意識し出した段階で資料整理を始めたのでは手遅れです。支払いの滞りが生じた段階では、債務者の状況の確認や債権回収の方策の検討などやらなければならないことが山積みなので、その段階で資料を探して整理してといったことに時間を費やす余裕はありません。ですので、日頃から資料の整理を習慣づけておくという備えが、いざ債権回収を進める必要性が生じた段階で明暗を分けるのです。

なかには「いや……それは弁護士の都合でしょ。こっちは毎日仕事で忙しくて資料整理なんてしている暇はないよ」と言う方もいるかもしれませんが、その姿勢が債権管理をずさんにし、債権の回収率を低下させる原因になっています。

商品の売買取引を例にとって考えてみましょう。取引の過程であるべき資料を順に揃えてみると、取引基本契約書→個別契約書→(見積書)→(注文書)→(注文請書)→納品書→受領書→請求書→入金確認→領収書といったものです。これらの資料を時系列に沿って順序よく整理しておくのです。最初は面倒な作業かもしれませんが、すべての取引で資料を揃える習慣をつけておけば、大した負担にはなりません。

資料整理の仕方は後ほどまた説明しますが、取引の記録は1カ所にまとめて、すぐに取り出せるようにしておいてください。いざというときにすぐに取り出せるように資料を整理しておかなければ、資料を揃えておく意味はありません。普段から整理しておいて、必要なときに、すぐにしっかりと資料を揃えることができて初めて、資料が資料としての価値をもつのです。

［図２―４］　日頃から取引先に関する書類を整理する習慣を

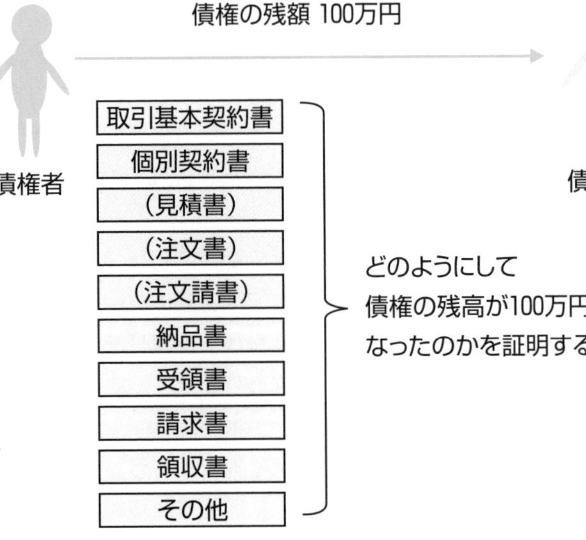

5. 債務者ファイルの活用を

(1) 債務者ファイルの作成方法

支払いの滞りを防ぎ、債権の回収率を高めるためには、日頃から、取引先の情報を取得して管理しておく必要があります。その際の管理の方法として、私は「債務者ファイル」を作成することをおすすめしています。

まず、債務者ごとに1冊のリングファイルを用意して、取得した債務者に関する情報をどんどんその1冊に集約していきます。債務者とのやりとりも集約していきます。情報を一元化して管理していくのです。

次に、ファイルの仕方をどうすればよいかということですが、おすすめの方法は時間の流れに沿って揃えていくというものです。①契約書関係、②事実関係、③連絡先・関係情報のラベルを貼って整理していきます。

もし足りない資料があれば、平常時から相手にお願いして作成したり取得したりしておくことを心掛けてください。手間がかかって煩わしく感じる方もいるかもしれませんが、このような日頃の備えがいざとなったときに身を助けてくれるのです。保有していて当然の資料なので、平常時であれば、相手にお願いしても全く問題ありません。違和感をもたれることもありません。逆に、いざとなったときに相手にお願いして作成するのは困難です。平常時から備えておくことが最善です。

⑵ 債務者ファイルの効果

債権回収はスピードが命です。だからこそ、債権回収の場面では、日頃から整然と整理されたファイルが効果を発揮します。債務者に関するさまざまな情報が散逸していると、債権回収の方針や債権回収の進め方を検討するに際して、まず、資料探しからしなければなりません。「あれ、机の上に置いておいたはずだけど……」、「あっちに置いてあったかな……。こっちに置いてあったかな……」などと言いながら、あちらこちらを探しているうちに、時間はどんどん過ぎていきます。時間の経過に比例して状況は悪化していきます。危機時期における時間の大切さを日頃から認識して情報の管理に努めていく必要があります。

情報は取得するだけでは意味がありません。取得した情報の意味を読み解き、使用したり、活用したりしないのでは意味がありません。取得した情報を適切なタイミングで効果的に活用するためには、情報を整理して、いざというときにさっと資料が取り出せるような状態にしておくことが大切です。

［図２―５］　債務者ファイルの活用を

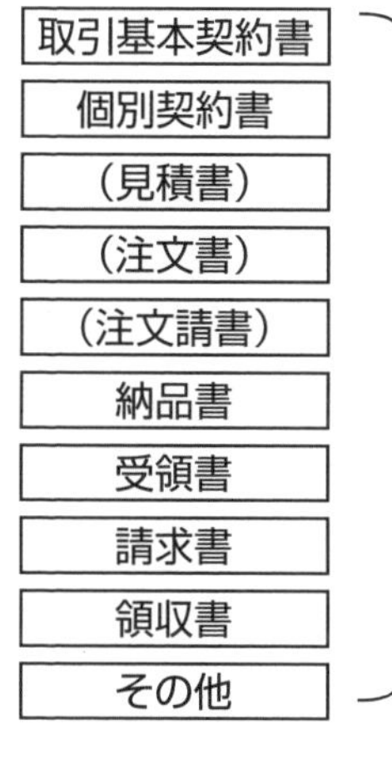

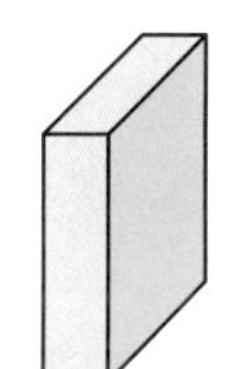

6.　危険な兆候を予想する

(1)　危険な兆候を予想するためには？

支払いの滞りを防ぎ、かりに支払いの滞りが生じた場合にも債権回収を効果的に行うためには、債務者に生じている危険な兆候をいち早く察知することが必要です。

債務者に生じている危険な兆候を察知するためには、世の中の流れや業界の動向に目を配っておくことが重要になります。日頃から債務者がどのような業界でどのような立場でどのような取引を行っているかを把握しておき、支払いの滞りが生じそうな情報が入ったときにしっかりと情報を読み解ける能力を身に付けておくことが必要です。

今はさまざまなメディアから情報が入ってくる時代です。ひと時代前であれば情報を入手することができるかどうかで差が出ましたが、今はインターネットや情報網も発達しており、取得できる情報量の差はあまり大きく開かないかもしれません。むしろ取得した情報を「読み解く能力」（＝リテラシー）が必要になっています。債権回収の場面でも同じことがいえます。債務者を取り巻くさまざまな状況の変化から債権回収についての危険な兆候を察知することができるかが回収できる債権額に差をもたらします。

(2) 情報を読み解く能力の差が債権回収の明暗を分ける！

たとえば、債務者が前年度の期の決算で増収・増益だったという情報が入ったとします。債権者の立場からはこの情報をどのように理解すべきでしょうか。「増収・増益だったら安心できる」と答える方もいらっしゃるかもしれません。確かに「増収・増益」というと債務者の営業成績が伸びているように感じるかもしれません。

しかし、債権回収の観点からは、債務者の増収・増益は危険信号である可能性があります。債務者の立場に立って考えてみます。増収・増益を導くためには何が必要でしょうか。通常は設備投資だったり、新たな雇用だったり、そのような投資をしなければ突然の増収・増益はあり得ません。増収・増益を導きだした債務者は借入金が増え、返済余力が弱まっている可能性があります。これまでにも、増収・増益で得た利益よりも借入金の負担のほうが大きいケースがありました。増収・増益の次の期に破産してしまったというケースもありました。増収・増益という情報を聞いて、「危険かもしれないぞ……」と思えるかどうか、そのような情報を「読み解く能力」を身に付けていく必要があります。

また、日々の相談業務の中で、私から相談者に対して「債務者のメインバンクはご存知ですか？」と尋ねることがあります。「もちろんです。うちの債務者のメインバンクは某メガバンクです。だから今は厳しいかもしれませんが、きっと新規の融資をしてもらったりして大丈夫だと思います」と答えた方がいましたが、このような認識も誤りです。

債務者のメインバンクがメガバンクの場合には、銀行から突然の回収を受ける可能性があります。これに対して、地方銀行や信用金庫がメインバンクの場合には、日頃からの債務者との付き合いも密接ですし、回収に移行するまでのスピードも違えば、回収に移行するかどうかの判断のもとにする要素も違います。地方銀行や信用金庫は地域経済と密接に関連しているので、回収に移行した場合に地域経済にもたらす影響なども考えなければなりません。ですから、ある日手のひらを返したように突然回収に走ることは少ないように思います。

(3) 債務者の決算書からわかること

① 決算書は数期分を比較する

債務者の決算書を取得することができた場合には、そこからさまざまな情報を取得することができます。決算書は１期分だけではなく、数期分を比較することで、より良く債務者の状況を知ることができます。

② 売上高の減少や利益の減少

売上高が減少していたり、利益が減少していれば返済能力が弱ってきているのは明らかです。また、営業利益が黒字なのに、経常利益が赤字の場合には、借入過多になっている可能性が高いと判断できます。借入過多になっていて、金利負担を抱えています。資金繰りが相当厳しい状況にあると考えてください。

③ 在　庫

在庫が増えている場合も注意です。在庫は次の売上を生み出すもとではありますが、在庫がうまく出荷されておらず、売上につながらないような不良在庫が積み上げられていることも予想されます。適正在庫であればよいのですが、そうではない可能性も高いかもしれません。

⑷ 未払金の増加

未払金の中でも、特に、国税や社会保険の滞納がないかは確認が必要です。債権者が保有している債権が売掛金や貸付金や工事代金の場合には債務名義を取得しなければ、差押えができませんが、国税や社会保険の滞納処分は債務名義が不要なので、あっという間に差押えがされてしまいます。

⑸ 売掛金と買掛金の内容

売掛金と買掛金の項目に同じ会社名が記載されている場合にも注意が必要です。融通手形を出している可能性があります。メインバンクの融資残高の減少も、メインバンクが引き上げに入っている可能性もあるので注意が必要です。

⑹ 短期借入金の増加

短期（1年以内）に返済しなければならない短期借入金が増えているのも危険な兆候です。短期借入金なので金融機関で借り換えを予定していたりするわけですが、借入金の継続が拒否されて資金繰りが悪化する可能性があります。長期借入金に変えることができればよいのでしょうが、担保がないので長期借入金への変更ができていないことが予測されます。

⑷ 情報を読み解く能力を養おう

ほかにもたくさんの例がありますが、まずは、情報を集めるだけではなく、集めた情報を分析する能力を養うように日頃から心掛けていくことが大切です。このような能力は、日頃から情報を分析する習慣をつけて、その練習を積んでいく中で養われます。日々の業務の中で取得する情報を活かすも殺すも自分次第であるとわきまえ、経験を積んでいくことが大切です。

[図2―6] 情報を読み解く能力を養おう

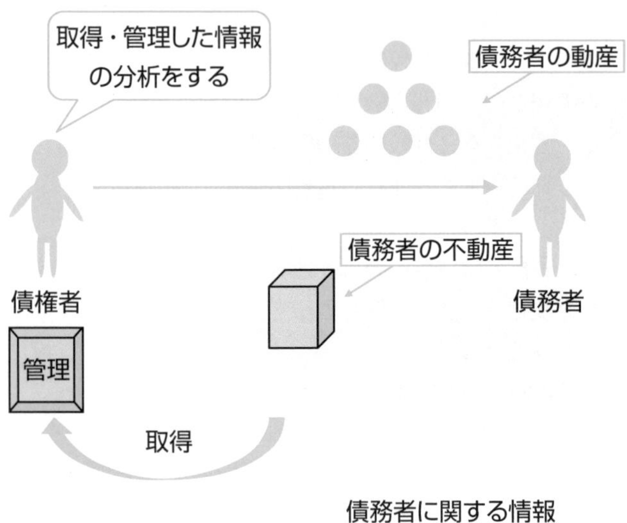

7. 支払いが滞る予兆を察知する

① 債権が滞る予兆がある

日頃の取引の中で気づかなければならない「支払いが滞る予兆」というものがあります。債権回収は時間との戦いという側面があるので、いち早く支払いが滞る予兆を察知して、債権回収に着手することで債権の回収率を高めていくことができます。

② 代表者や経理担当者の動向

債務者が会社の場合で代表者や経理担当者が急に忙しくなったり、電話に応じなくなったり、担当者が頻繁に変わったり、転職者や退職者が増えたりするのは危険な兆候です。代表者と経理担当者が資金繰りに奔走している可能性があります。金融機関から借入れがあって、借入金の約定弁済を行うことができずに、金融機関からたびたび呼び出されている可能性があるのです。

③ 番頭や経理担当者の変更

経理担当者や番頭が退社するのも危険な兆候です。経理担当者や番頭が債務者である会社に対して愛想を尽かして抜けてしまったという可能性がありますし、資金繰りがずさんになる可能性も高いと考えてください。

④ 社長の病気や交代

中小企業は社長がすべてです。社長が病気になったり、突然社長が交代したりした場合には注意が必要です。取引先等からの信用が急激に悪化して、大きな信用不安のもとになります。

⑤ 債務者の会社の様子

債務者が会社の場合、債務者の会社を訪問することで多くの情報を得ることができます。たとえば、会議室の壁にかかっている額縁が斜めになっている会社は要注意です。トイレはどうでしょうか。倒産する会社は水回りが汚れています。会議室の額縁やトイレなどの水回りはなかなか手が回らず後回しになってしまう場所だからです。倒産する会社は資金繰りだとか在庫の処分だとか売上高を増やすための売掛金の回収などに躍起になるので、会議室の額縁やトイレなどの水回りはどうしても後回しになります。

⑥　債務者の電話対応

電話をかけてみて対応した人の声が暗い場合も注意してください。従業員に対する給料の支払いが遅れており、従業員の不満が声に表れていることもあります。

⑦　見慣れない人

債務者の会社を訪問してみて、見慣れない人や雰囲気の違う人が頻繁に出入りしているような場合にも注意が必要です。会計士、税理士、弁護士は、真面目そうなスーツに、大きな鞄を持って、磨かれた靴を履いている人が多いように思います。債権者の立場で債務者である会社を訪問する場合には、そのような人をみかけたら注意してください。

私も傾きかけた会社の建て直しに関する業務を担当することがあります。債権回収を受ける債務者の立場で働くこともあるわけですが、そのような業務の中で債務者の会社に行くときには服装や振る舞いに注意するようにしています。特に工場や店舗が併設されている場合や、建築業やデザイン業やIT関連の会社など、スーツ姿で訪問すると目立ってしまうような場合には、スーツを脱いで、その場であまり目立たないような服装をして訪問するようにしています。勘の良い債権者にどこで観察されているかわからないからです。

⑧ 段ボール箱

また、債務者の会社を訪問して、段ボール箱がいつもより多く積んである場合があります。この場合には、大きな返品を被っていたり、不良在庫をたくさん抱えてしまっていたりする可能性もあります。

⑨ M&A

債務者がM&Aをした場合はどうでしょうか。「合併などによってシナジー効果が期待できるから、財務内容が改善される」と考える人もいるかもしれませんが、違います。最近の合併やM&Aのほとんどは、よほどの大企業でない限りは、生き残りをかけての合併やM&Aです。厳しい状況にあると判断してください。

⑩ 新規分野への進出

債務者がこれまでの本業と全く関係のない分野に進出することがあります。このような場合はどうでしょうか。「新分野に進出して業績拡大が見込まれる！」ととらえた方もいるかもしれません。関連する新分野はよいのですが、全く関係のない分野への進出は生き残りを賭けた無ぼうな挑戦にすぎません。多くの場合が失敗に終わります。かりに成功するにしても新分野への進出に伴う資金投資による資金繰りの悪化は明らかですから、危険な兆候です。

⑪ 振込先の変更

債務者が取引先に「今月から振込先を変えてください」などと言っていたという情報を取得した場合も注意してください。必要があるから決済銀行を変更するわけです。必要がなければ決済銀行を変更する必要はありません。どうして決済銀行を変えるのでしょうか。銀行への支払いができておらず、そこに入金されると銀行に相殺されてしまう可能性があるからではないでしょうか。

［図2―7］　在庫の増加からわかること

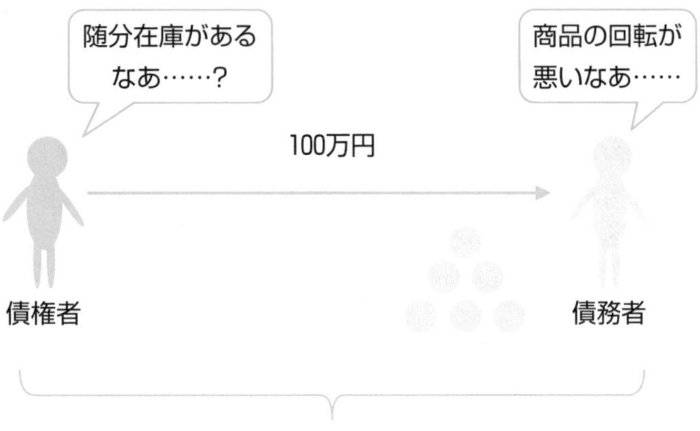

8. 契約書にトリガーを仕込む？

(1) 債権の回収率を高めるための工夫

支払いの滞りを防いだり、債権の回収率を高めたりするための工夫として忘れてはならないのが、契約書などの書面を作成しておくことです。

そもそも契約書を作成していないケースも多いのですが、かりに契約書を作成していたとしてもそれだけでは十分ではありません。効果的に債権を回収するためには、債権回収の場面で役に立つ規定をしっかりと定めておく必要があります。契約書は作成してあるだけでは不十分です。

(2) 債権回収の場面で注意すべき規定がある

債権回収を実効的に行うために注意すべき規定がいくつかあるので、紹介します。

抵当権や譲渡担保権といった担保権を設定するということもありますが、それ以外でも工夫できることはたくさんあります。実際には具体的な契約類型に応じて契約を締結する段階で債権回収の場面を想定して規定を設けたりしますが、すべてを網羅することはできないので、ここでは、どのような契約類型でもあてはまる工夫の一例を紹介します。お手元の契約書と照らし合わせて一度確認してみてください。もしお手元の契約書に不備があれば、平常時であれば、契約書の巻き直しも検討してみてください。

(3) 期限の利益喪失条項

まずは「期限の利益喪失条項」です。期限の利益というのは、債務者に一定の期限を与えることで、債務者に与えられる利益のことです。債務者に与えられる一定の期限＝(イコール) 債務者にとっての利益ということです。

たとえば、誰かから100万円を借りたとします。100万円を貸した側が債権者、100万円を借りた側が債務者です。本来、借りたお金は借りたと同時にすぐに返さなければなりません。でも、お金を借りたのは、債務者に何かお金を必要とする理由があったからでしょうし、債務者がすぐにお金を返せるのであれば、そもそもお金を借りる必要もありません。ですから、お金を貸す際には、通常、期限や分割払いの約束をします。たとえば、「毎月月末に10万円ずつを分割して10回に分けて支払う。10カ月後に100万円を支払い終える。ただし1回でも分割の支払いの約束が守れなければ残額を一括して支払う」といった内容になります。このように返済の完了を10カ月待ってもらうという「利益」を「期限の利益」といいます。

この「期限の利益喪失条項」を規定する際に、どのような工夫ができるでしょうか。参考例は［図2―8―1］(条文①期限の利益喪失条項) です。

［図２－８－１］　条文①期限の利益喪失条項

第●条（期限の利益の喪失）
乙に、以下の各号に規定する事情が生じた場合には、乙は甲からの通知催告がなくとも当然に期限の利益を失い、直ちに、残債務全額を一括して支払わなければならない。

①　乙が個別契約に基づく本件商品の代金の支払いを行わないとき
②　乙が振り出し、引受又は裏書した約束手形・為替手形・小切手が不渡りになったとき
③　乙が銀行取引停止処分を受けたとき
④　乙に対して、競売、差押え、仮差押え又は仮処分の申立てがなされたとき
⑤　乙が、破産手続開始、民事再生手続開始、会社更生手続開始、特別清算手続開始の申立てを行い、又はこれらの申立てを受けたとき
⑥　乙の信用及び資力が悪化したと甲が認めるとき
⑦　そのほか、本契約に定める各条項に違反したとき

ここでのポイントの１点目は「乙は甲からの通知催告がなくとも当然に」という部分です。債務者に期限の利益を失わせるためには「通知催告」を行わなければならないという規定の仕方もあるのですが（このような規定を「請求喪失型」といいます）、それだと手間がかかります。契約書の条項としては当然に期限の利益を失わせてすぐに回収にかかれるようにしておくべきで

す（このような規定を「当然喪失型」といいます）。

ポイントの２点目は「乙の信用及び資力が悪化したと甲が認めるとき」という部分です。甲が債権者で、乙が債務者です。「甲が認めるとき」という文言がなければ、客観的に乙の信用および資力が悪化しているかどうかという価値判断が必要になりますが、「甲が認めるとき」と規定されていることによって、債権者の主観的な判断で回収に入れるようにしています。客観的な価値判断が必要となると、乙から「いやいや信用も資力も悪化していませんよ！」と言われる可能性があり、最終的には裁判などに発展していく可能性もありますが、「甲が認めるとき」と規定しておくことによって、そのような無用な紛争を防ぐことができるようにしておくのです。

⑷　契約解除条項

次に、重要なのは契約の解除です。契約が存続していると、債権者も債務者もお互いに債務を負担していたりする場合に不都合が生じます。債権回収をしなければならないような場合にはとにかく速やかに、また効果的に契約を解除できるように契約書に規定しておくことが必要になります。参考例は［図２―８―２］（条文②契約解除）です。

［図２―８―２］　条文②契約解除

第●条（解除）

1　乙が、前条の各号に違反したときは、甲は何らの通知催告を要せず、直ちに本契約の全部又は一部を解除することができる。

2　前項に基づいて、本契約が解除されたときは、乙は、甲に対して、本契約の解除により乙が被った損害を賠償するものとする。

ここで「前条の各号」というのは［図２―８―１］（条文①期限の利益喪失条項）で紹介した期限の利益喪失条項と考えてください。債務者が期限の利益を喪失した場合には、債権者は契約を解除できるという建て付けにしてあります。

ここでのポイントの１点目は「甲は何らの通知催告を要せず」と規定してある点です。期限の利益喪失条項の箇所で説明したのと同じ理由です。

ポイントの２点目は契約の「全部又は一部」を解除することができるとしてある点です。契約書の中には債権者にとって存続させておいたほうが都合の良い規定もあるかもしれません。通常は契約を解除するといった場合には契約の全部解除と解釈されます。債権者が「一部を解除します」といっても、一部解除が認められるかどうかは争いの対象になる可能性があります。そこで、契約書の中で契約の「一部」解除をできるようにしておくことで、債権者にとって都合の良い範囲で解除ができるようにしてあります。

(5) 所有権留保

続いて、所有権留保という規定があります。

たとえば、債権者が債務者に対して商品を売って、債務者が債権者に対して代金を支払わなければならないといった売買契約の場合に、所有権の帰属が争われることがあります。債権者としては先に商品を引き渡しているにもかかわらず、債務者が代金を支払おうとしない場合には、「では商品を返してください！」といってすぐに商品の引揚げを行おうとすると思います。その際に、債務者からは「いや、これは契約に基づいて引渡しを受けたのだから返しません」と言われるかもしれません。その場合には債権者は債務者に対して契約解除の書面を送って、契約解除に基づく原状回復の措置として債務者から商品の返還を求めるというのが正攻法ですが、そうしているうちに債務者が商品を転売してしまうかもしれませんし、商品の価値も劣化してしまうかもしれないといった問題が生じ得るのです。そこで契約書で工夫しておく必要があります。

参考例は［図2—8—3］（条文③所有権の帰属）です。この内容を契約書に盛り込んでおけば、いざというときに納めた物品の引揚げが可能になるのです。

［図2－8－3］　条文③所有権の帰属

第●条（所有権の帰属）

甲及び乙は、甲が乙に対して引き渡した本件商品の所有権は、乙が甲に対して代金の全額を支払うまでは、全て甲に帰属することを確認する。

9. 債権の対立状態をつくっておく

(1) 相殺とは？

実効的に債権回収を行うためには普段から債権の対立状況をつくっておくことを心掛けるとよいと思います。実は相殺（そうさい）は最強の債権回収手段なのです。よく「そうさつ」と読む人がいますが、正しくは「そうさい」と読みます。

たとえば、債権者が債務者に対して100万円の債権を有しているとします。債務者は100万円を支払おうとしません。この場合、正攻法で100万円を回収するのはとても大変な作業になります。でも、債権者が債務者に対して100万円の債務を負担していれば、相殺という手段を使うことで、手紙やメール1通で、債権者は債務者から100万円を回収することもできるのです。

相殺はコスト的にも時間的にも労力的にも最も簡単に債権を回収することができるまさに「最強の債権回収手段」です。

(2) 相殺が認められる要件は？

ただし、どのような債権であっても相殺ができるわけではありません。法律上、相殺が認められるためには、①当事者双方が同種の債権を対立させていること、②双方の債権が弁済期にあること（ただし受働債権の期限の利益は放棄できるため、自働債権が弁済期にあれば相殺が可能。受動債権に弁済期の定めがない場

［図２―９―１］　相殺は最強の債権回収手段

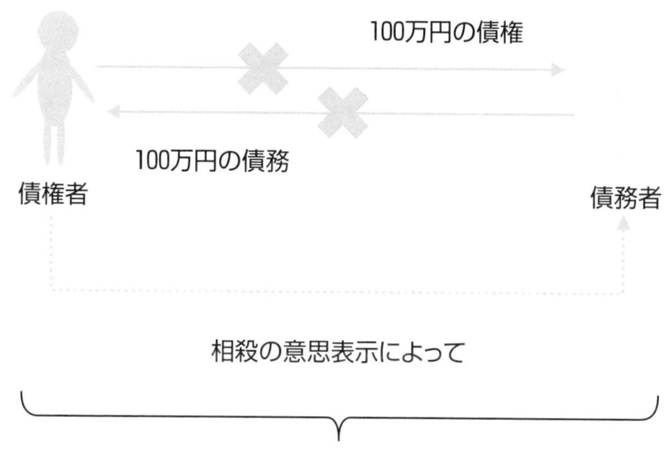

差引０円になる
（100万円の債権を一瞬で回収できる）

合も同様）、③債権が相殺できるものであることといった要件が必要になります。

債権者が債務者に対して有している債権を「自働債権」（じどうさいけん）といい、債務者が債権者に対して有している債権を「受働債権」（じゅどうさいけん）といいます。

この自働債権と受働債権の対立を意識的につくるように心掛けておくという発想も債権回収を実効的に行うための日頃の備えとしては効果的です。

［図２―９―２］　相殺が認められるための要件

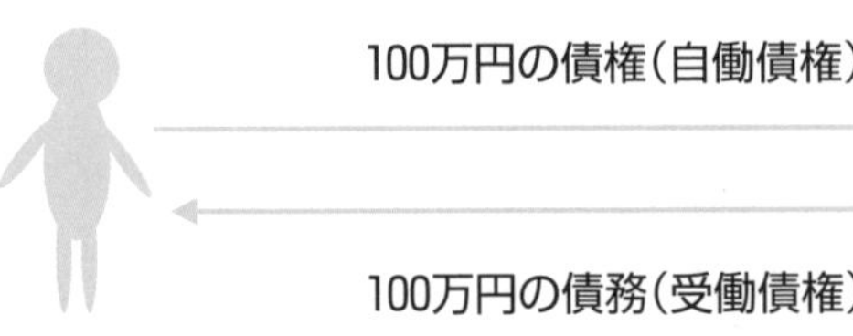

① 当事者双方が同種の債権を対立させていること
② 双方の債権が弁済期にあること
ただし、受働債権の期限の利益を放棄できるため、自働債権が弁済期にあれば相殺が可能。受働債権に弁済期の定めがない場合も同様。
③ 債権が相殺できるものであること

10. 敷金や保証金

債権回収を容易にするために、敷金や保証金を利用するという方法があります。賃貸マンションや借家を借りるときに、万が一、家賃を滞納して支払えなくなった場合や借りた家を汚したり、傷をつけたりして、退去時に修理費を負担しなければならない場合に備えて、あらかじめ家主に納めておく担保金が敷金です。

敷金は家主が滞納家賃や退去時の修理費をしっかりと回収するために考えられたものです。家主は大切な財産である不動産を他人に貸すにあたって、いわば「敷金」という人質をとっているようなものです。いざ回収しなければならない段階では、相殺という手段を使って回収することができるわけです。

この敷金の発想を通常の商取引の中に応用することができます。「営業保証金」などといって納めることを要求されるお金がこれにあたります。考え方や債権回収の方法は敷金と同様です。

債務者からあらかじめ一定の金額を納めてもらったうえで、納めてもらった金額の範囲で、もしくは納めてもらった金額より多少上回る範囲で継続的な取引を行っていくというやり方です。あらかじめ一定の金額を納めてもらっているので、万が一継続的な取引の中で、債務者からの支払いが滞った場合には、債務者に通知をしたうえで納めてもらった一定の金額から回収すればよいということになります。

初めての取引相手のときに保証金を設定するというケースがあります。保証金を設定しておくことによって、効果的に債権回収を行うことができます。保証金の方式には一時金方式・分割金方式・積立金方式などがあります。結局は取引先との関係次第ではありますが検討の余地はあると思います。

[図2—10]　敷金の発想を利用する

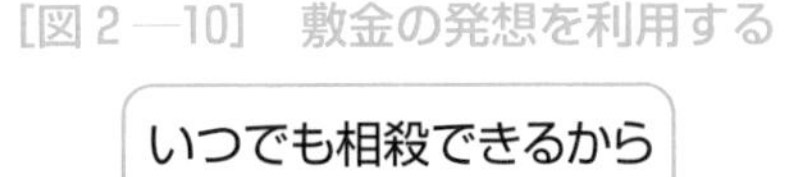

11. 担保権の設定①
――担保の種類と分類

(1) 担保権を設定して特別な扱いを受ける

担保は、将来生じ得る損害をてん補するための備えです。担保権を設定することで、債権者は、債務者に債務不履行が生じる前に、債務者が所有する財産等の中の一定の経済的価値をあらかじめ確保しておくことができます。平常時の債権回収では非常に重要なことなので、少し詳しくみていきます。

(2) 担保権の種類と分類

担保にはどのような種類があるのでしょうか。担保にはさまざまな区別がありますが、まずは、法定担保物権と約定担保物権という区別があります。

法定担保物権は、一定の債権を特に保護するために、要件が備われば法律上当然に成立するとされている担保権です。たとえば、他人の物の占有者が、その物に関して生じた債権を有するときに、その債権全部の弁済を受けるまではその物を留置することができるとする民事留置権（民法295条）や商事留置権（商法521条、会社法20条等）などがあります。

他方で、約定担保物権は、債権者と債務者または担保の対象となる物を所有もしくは保有する者との合意によって成立する担保物権です。たとえば、債権者が債務者に対して売り渡した商品の代金が完済されるまでは、債権者から債務者に対する商品の所有権を移転しない旨を合意することで成立する所有権留保などがあります。

［図２―11―１］　法定担保物権と約定担保物権

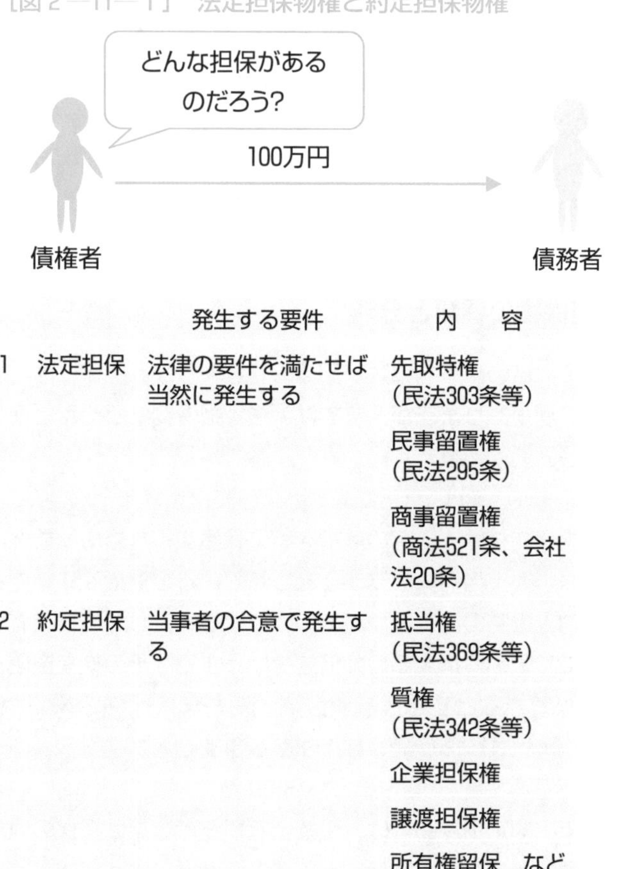

		発生する要件	内　容
1	法定担保	法律の要件を満たせば当然に発生する	先取特権（民法303条等） 民事留置権（民法295条） 商事留置権（商法521条、会社法20条）
2	約定担保	当事者の合意で発生する	抵当権（民法369条等） 質権（民法342条等） 企業担保権 譲渡担保権 所有権留保　など

次に、担保の目的物を何にするかによる分類もあります。詳しくは、［図２―11―２］（さまざまな担保権①）と［図２―11

―3］（さまざまな担保権②）に代表的な担保権をまとめてあるので、ご覧ください。

［図2－11－2］ さまざまな担保権①

種類	目的物	対抗要件等	根拠法	特色
抵当権	不動産（土地・建物）	登記	民法	一般に利用されている
根抵当権	同上	同上	同上	将来の不特定の債権担保
	同上	同上	同上	債権者への引渡しが要件、存続期間約10年
	動産（商品、原材料）	引渡し、占有 登記	民法 動産・債権譲渡特例法	債権者への引渡しが要件、現物の管理が必要
（根）質権	手形・有価証券	引渡し、占有	民法、手形法	期日管理が大切
	株式	引渡し、占有 登録	会社法	相場に注意
	指名債権（売掛金、預金）	通知、承諾と確定日付、登記	民法 動産・債権譲渡特例法	対抗要件に注意
仮登記担保	不動産	登記、登録	仮登記担保法	担保は競売等で失権する
	同上	同上	判例	取得税などに注意
（根）譲渡担保	動産	引渡し、占有 登記	同上	対抗要件と現物管理に注意
	債権、有価証券	質権に同じ	同上	ほぼ質権と同じ
	株式	引渡し、登録	同上	同上

・動産・債権譲渡特例法とは、動産及び債権の譲渡の対抗要件に関する民法の特例等に関する法律のこと
・仮登記担保法とは、仮登記担保契約に関する法律のこと

［図2—11—3］　さまざまな担保権②

種類	目的物	対抗要件等	根拠法	特色
売渡担保	不動産	登記、登録	判例	ほぼ譲渡担保に同じ
	動産	引渡し、登記	同上	同上
	債権	質権に同じ	同上	同上
買戻権	不動産	登記	民法	不動産売買登記と同時に登記
企業担保	株式会社の全資産	登記	企業担保法	社債担保に限られる
財団抵当	工場財団等	登記	各財団抵当法	財団目録記載分のみ
	道路交通事業財団等	同上	同上	主務官庁の許可、全財産
電話加入権質	電話加入権	登記	電話加入権質特例法	金融機関のみ可能
立木抵当	立木	登記	立木法	土地とは別の担保
船舶抵当	船舶(20トン以上)	登記	商法	処分に問題あり
自動車抵当	自動車	登録	自動車抵当法	同上
建設機械抵当	建設機械	登記	建設機械抵当法	同上
その他		登録等	特別法	出資持分権、工業所有権等

・電話加入権質特例法とは、電話加入権質に関する臨時特例法のこと
・立木法とは、立木ニ関スル法律のこと

(3)　どのような担保を取得するか？

とても多くの担保権があることをご理解いただけたのではないでしょうか。それぞれの手続には大きな違いがあるので、その全部を覚える必要はありません。

債務者がどのような財産をもっているか、債務者がもっている財産からどのような方法で回収を図るかについては、専門的な知識が必要ですし、担保権の設定の仕方についても専門家による手続が必要なものが多いと思います。ですので、担保権の設定に際しては、弁護士や司法書士といった専門家に相談した

うえで、決定していただくことが望ましいと思います。

ただ、弁護士や司法書士であれば誰でもよいというわけではありません。そして担保権の設定に際しては、できれば債権回収に精通している弁護士に相談されることをおすすめします。ただ単に契約書を締結すればよいという話ではなく、どのメニューを使ってどのように担保をとるかは非常に重要な問題です。実際に多くの債権回収を行い、実際に経験を積んでいないと勘所がわからないように思います。苦労が弁護士を育てるといいます。自分が申立代理人や破産管財人として倒産事件に関与していなければ、倒産事件の中でどのように担保権が扱われるかがわかりません。実際に担保権の強制競売や債権の差押えをしていなければ、どのくらいの時間がかかるか、どのような資料が必要となるかの勘所もわかりません。担保権の設定に関しては、実務の経験に基づいた多角的視野での横断的な理解が必要だと感じています。ですので、担保権の設定に関しては日頃から債権回収案件に精通し、十分な実務経験のある弁護士や司法書士を探していただいたほうが望ましいと思います。

12. 担保権の設定②——担保権の効力

⑴ 担保権の効力①——留置的効力

担保には留置的効力というものがあります。法定担保物権である留置権や約定担保物権である質権は留置的効力を有しています。たとえば、債権者が債務者の財産を預かっておいて「債権を支払うまでは返しません」と主張するというものです。債務者はその財産を返してほしいので、何とか債権を支払ってくれるのです。財産に価値があればあるほど、債務者にとって必要であればあるほど、債務者は債権者に対して一生懸命に債権を支払おうとしてくれるはずなのです。いわゆる質屋の理屈を考えるとわかりやすいと思います。

⑵ 担保権の効力②——優先弁済的効力

後でも説明しますが、担保のない債権回収の正攻法は、次の流れをたどらなければなりません。それは、①請求書を送る、②一定期間待って相手の対応状況と回答内容に応じて内容証明郵便を送る、③それでも応じなければ支払督促や少額訴訟や通常訴訟を裁判所に提訴する、④それらと並行して仮差押えや仮処分を裁判所に申し立て財産の保全を行う、⑤（③の相手方の対応に応じて）必要な主張立証を行う、⑥（⑤の相手方の対応と裁判手続の結果に応じて）控訴したり控訴されたりする、⑦決定や判決が確定したら（相手の対応に応じて）裁判所に強制執行を申し立てる、⑧（⑦で強制執行が空振りに終われば）相手の財産を調べてさらに強制執行を申し立てる、⑨以後⑧を繰り返

［図2―12―1］　留置的効力

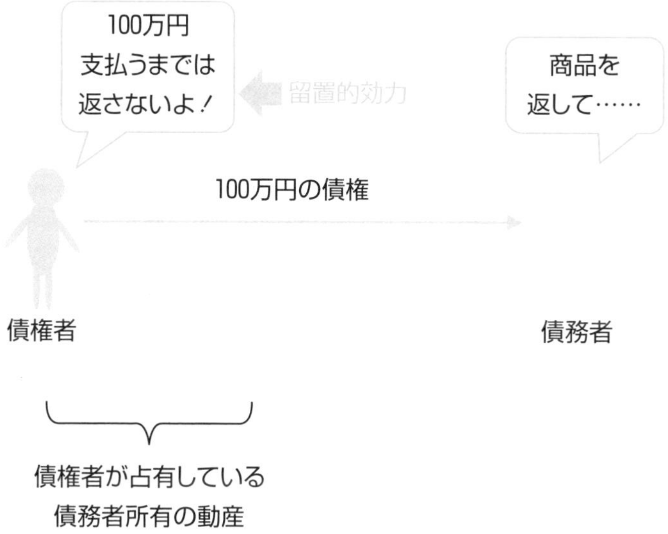

100万円
支払うまでは
返さないよ！

留置的効力

商品を
返して……

100万円の債権

債権者

債務者

債権者が占有している
債務者所有の動産

す……といった流れです。

ですが、担保権を取得しておけば、このような流れを踏まえることなく、いきなり強制執行するのと同様の手続を進めることができます。つまり、①請求書を送る、②一定期間待って相手の対応状況と回答内容に応じて内容証明郵便を送る、⑦担保権を実行して回収するという流れが可能になるのです。一足飛びに強制執行の段階に進むことが可能になります。

法定担保物権である先取特権のほか、約定担保物権である質権、抵当権、譲渡担保権その他多くの担保権に認められている効力です。

(3) 担保権の効力③——不可分性・物上代位性

担保権には留置的効力・優先弁済的効力のほかにも、不可分性・物上代位性といった効力が認められます。不可分性というのは、被担保債権全額の弁済を受けるまでの間は、担保の対象の全部に権利を行使できるということです。物上代位性というのは、担保の目的物が売却されても売却代金に対して優先的に権利を行使したり、担保の目的物が火事で燃えて債務者に火災保険金が支払われるような状況が生じたりしても保険金に対して優先的に権利を行使したりすることが認められるという効力です。

法定担保物権である留置権には認められませんが、それ以外の多くの担保権に認められている効力です。

(4) 担保権の効力④——別除権

担保権は、債務者が倒産手続に入った段階で、大きな効果を発揮します。すなわち、担保権を設定しておくと、債務者が債権者に対して支払いをしない事態が生じた際に、債権者はあらかじめ設定しておいた担保から回収を図って債権に対する弁済にあてることができるのです。

破産手続や民事再生手続の中では、担保権は「別除権」といわれます。担保権は、破産手続や民事再生手続とは「別」にそれぞれの手続の拘束から「除」外されて、自由に「権」利を行使することができるからです。

［図２—12—２］　優先弁済的効力

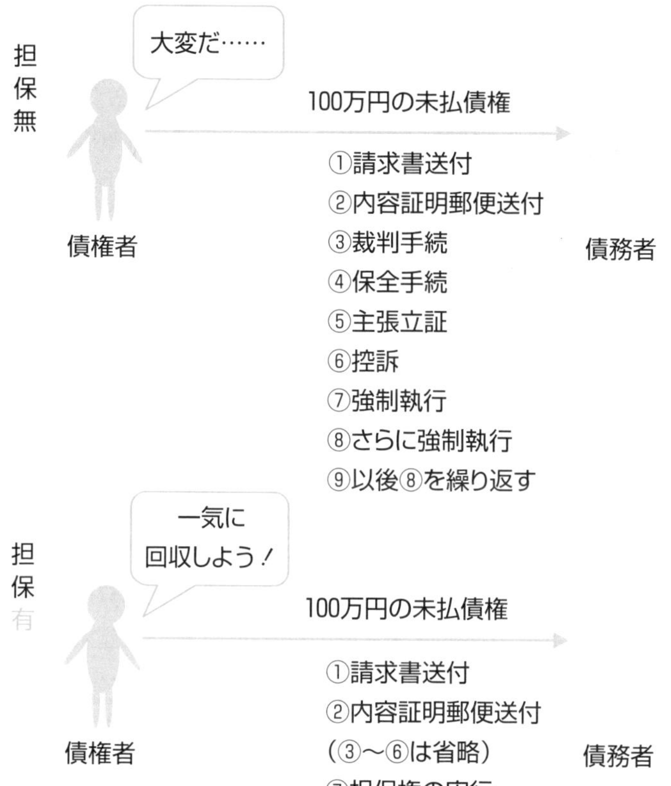

また、保証人や連帯保証人を立ててもらっておけば、債務者が破産手続開始の申立てや民事再生手続開始の申立てをしたとしても、債権者は、それらの手続に関係なく、保証人や連帯保証人に対して請求し、回収を図っていくことができます。

債務者が倒産した場合でも、担保をとっている債権者は「特別扱い」されて、債務者の財産や保証人や連帯保証人から回収を図ることができるのです。

(5) 何を担保にとるのか？

不動産・動産・債権・知的財産権など、財産の性質に関係なく、原則として何でも担保にとることができます。不動産は土地・建物のことです。動産は不動産以外で形のあるもの全部です。車、機械、什器備品、貴金属、商品などです。債権は、債務者の第三者に対する貸付金、預入れ敷金・保証金、売掛金などです。知的財産権は、特許権、著作権、商標権、意匠権などです。

ただし、担保として取得したものでも、換価処分して回収につながるものでなければ、担保にとる意味はありません。要は、①将来にわたって価格を維持できるか、②管理は簡単か、③相場があり価格の算定は容易か、④万が一のときに処分が可能か、⑤処分が可能だとして処分手続は簡単か、といった観点から担保を選定していく必要があります。

一般論としては、不動産のほうが、動産よりも価格が安定しているし、登記をすることで担保価値の把握と管理の手間もかからず、固定資産税評価額や路線価など価値の算定も難しくはなく、換価も容易なので、担保にとる対象としてはすぐれていると考えられています。そのため、ほかに債務者の不動産を担保にとっている債権者がいなかったり、ほかに債務者の不動産を担保にとっている債権者がいたとしても不動産の担保価値に余剰がある場合には、不動産に担保権を設定することを検討すべきです。

ただ、債務者の不動産を担保にとることができないような場合には、他の動産、債権、知的財産権などを担保にとれないかを検討していく必要があります。その際には先に述べた①〜⑤の要素を順に検討していくことになります。

13. 担保権の設定③ ——物的担保

(1) 抵当権とは？

典型的な物的担保は、債務者の所有不動産に対して設定する抵当権です。家を購入したり、家を建てたりする際に銀行に住宅ローンを申し込む場合に、銀行はその不動産に対して抵当権を設定します。これと同様に債務者と取引を行うに際して、債務者から所有不動産を担保として提供させるという方法があります。たとえば、債権者が債務者に対して2500万円の債権を有しており、債務者が1500万円相当の不動産を所有している場合、他の債権者が先に抵当権を設定していなければ、債権者が抵当権を設定しておくことで、かりに債務者が弁済をしなかった場合には、債権者は優先的にこの不動産から債権回収を行うことができるわけです。

実際に抵当権を設定する際には、契約書を作成したり、抵当権設定の登記を行ったりしなければならないので、弁護士や司法書士に相談しながら進める必要があります。

(2) 抵当権を設定する際の注意点

抵当権は実際にもよく活用されますが、どのような不動産でもよいわけではありません。担保にとる不動産を選定する際のコツがあります。

まずは対象となる不動産の登記事項証明書（登記簿謄本）を

［図2―13］　抵当権の設定

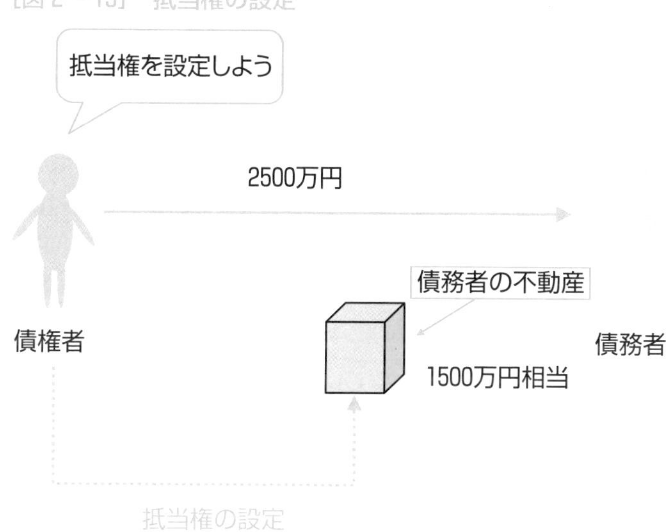

取得して権利関係を確認してください。不動産登記事項証明書は必ず最新のものを法務局で取得してください。たまに債務者から提出を受けた不動産登記事項証明書や大分前に取得した不動産登記事項証明書で済ませようとする方がいますが、最新の情報を確認しなければ、対象となる不動産を第三者に売却していたり、対象となる不動産に新たに抵当権が設定されていたり、仮差押えや差押えが入っていたりといった権利関係の変動を見落としてしまう可能性があるからです。不動産登記事項証明書を確認した後に、固定資産評価証明書を取得しておおよその価値を把握します。また、不動産業者に連絡して実勢価格がどの程度かを確認するようにしてください。

次に必ず現地に足を運んで、対象となる不動産の現況を確認してください。対象となる不動産の現況によって不動産の売却可能性は変わってきます。他人の土地にまたいで不動産が建てられていたり、登記されていない建物があったり、ゴミの山があったり、他の建物とくっついて建物が存在したりといった現況を見落とさないようにする必要があります。その際には、記録の保管用にデジタルカメラを持参して、写真撮影し、保管するように心掛けてください。また、現地確認は晴れた日の日中に行ったほうがよいと思います。日当たりの良さなども不動産の価格にはかかわってくるからです。

⑶ 担保に適した不動産とは？

担保に適した不動産について説明します。

1つ目は、処分が容易な居宅（マンションや戸建て）です。住宅購入を希望する一般の方が大勢いるからです。もし競売になっても、最近は不動産業者だけではなく、一般の方にも競売手続での不動産購入が認知されてきているので、入札率も高めになっています。

2つ目は、収益物件です。最近では不動産業者だけではなく、利回りによる投資案件として一般の方からの需要も活発になっています。特に都市部の物件や、都市部の物件でなくても立地や環境や景観や築年数によっては、条件次第で、多くの購入希望者を募ることも期待できます。

逆に、市街化調整区域の農地や山林は担保には適しません。市街化調整区域では原則として建物の建築は禁止されていますし、山林は境界が明確ではなく、競売が進行しても購入希望者が現れないことも多いからです。

債務者が所有不動産を担保として債権者に提供するといっても、担保価値を慎重に判断しながら担保権の設定を検討していく必要があります。

14. 担保権の設定④——人的担保

(1) 保証人と連帯保証人の違いは？

債権回収を容易にするための工夫として担保権の設定があり、担保には人的担保と物的担保があることはすでに説明しました。人的担保の代表が保証人と連帯保証人です。

保証人というのは、主たる債務者がその債務を履行しない場合に、その履行をなす債務（保証債務）を負う者をいいます。連帯保証人というのは、同じく保証人の一種ですが、保証人よりも重たい責任を負担する者です。具体的には、保証人には催告の抗弁権（民法452条）、検索の抗弁権（民法453条）が認められるのに対し、連帯保証人にはこれらが認められません（民法454条）。

難しい言葉ですが、催告の抗弁権（民法452条）というのは、債権者が保証人に対して請求してきたときに、保証人が債権者に対して「先に債務者に請求してください」と言って債権者からの請求を拒むことができる権利です。

検索の抗弁権（民法453条）というのは、債権者が保証人に対して強制執行してきた際に、保証人が債権者に対して「債務者に対して強制執行したほうが容易なので、先に債務者に強制執行してください」と言って債権者からの強制執行を拒むことができる権利です。

そのため、保証人は債務者に次いで責任を負担するのに対し、連帯保証人には、催告の抗弁権も検索の抗弁権も認められていないので、債務者とほぼ同様の責任を負担することになります。

(2) 保証人よりも連帯保証人を！

債権者の立場からみた場合、債務者に連帯保証人をつけてもらっておけば、万が一債務者が債権者に対する支払いを滞らせた場合、債権者は債務者に対して請求することもできるし、連帯保証人に対して請求することもできるということになります。債務者も連帯保証人も支払いをしなければ、債権者は債務者に対して強制執行をしてもよいし、連帯保証人に対して強制執行をしてもよいのです。

債権者としては、債権の支払いを担保するためには、保証人を設定してもらうよりも、連帯保証人を設定してもらったほうが安心・安全なのです。

保証人や連帯保証人を設定する際の手続としては、債務者との契約書の中に「保証人は本契約に基づき生じる債務者の債権者に対する一切の債務について保証します」とか、「連帯保証人は本契約に基づき生じる債務者の債権者に対する一切の債務について債務者と連帯して保証します」という文言を入れておいてもらい、保証人や連帯保証人にも署名押印してもらうとか、もしくは契約書とは別に一筆書いておいてもらえばよいだけです。抵当権の設定のように登記をするなどの手続は不要なので、簡単です。

連帯保証人は誰でもよいというわけではありません。しっかりとした信用資力がある人でなければ意味がありません。実際に、債権者の立場で相談に来た方が「連帯保証人もつけると言っているので安心しています」と言っていたので、私から「その人で大丈夫ですか？」、「どんな人ですか？」、「何をしている人ですか？」などと尋ねたところ、「いや……ただ、債務者の社長が連れてきた人なのですけど……」とか、「見た目はしっかりしていそうなのですが……」といった程度の回答しか返ってこないことがありました。

連帯保証人は人的担保です。債務者が債権の支払いをしない場合には連帯保証人からの回収が頼みの綱です。その人の経歴や素性や現在の職業や資産関係を何も把握せずに連帯保証人をたてても意味がありません。担保としての価値がないからです。

(3) 保証契約を締結する際の注意点

保証契約の締結に際しては、必ず書面で行わなければならないので、注意が必要です（民法446条２項）。また、保証契約を締結する書面に署名・押印をもらう際には、①債権者の面前で行うこと、②保証人になろうとする人が本人であるかを確認すること、③保証人になろうとする人が保証する意思をもっているかを確認すること、④できれば将来証人になってくれる第三者の立会いのもとで行うことに注意し、そのうえで保証契約書に署名と押印をもらうようにしてください。なぜなら、保証契約の効力をめぐってとても多くの裁判が起こされています。その多くは「自分は保証契約書に署名した覚えはない」とか、「保証契約書に押捺されている印鑑は自分の印鑑ではない」とか、「保証する意思はなかった」といった形で争われるからです。将来紛争にならないように、または将来紛争になった場合でも債権者が勝てるように配慮して進めていく必要があるのです。

しっかりとした保証人をたててもらい、人的担保を設定することで、万が一債権者に対する支払いが滞ったときでも、債権の回収可能性を高めることができます。他の担保権の設定と比べても簡単ですし、費用もかからないので、おすすめの方法です。

(4) 民法改正に伴う変更点

2017年５月に成立した「民法の一部を改正する法律」が2020年４月１日から施行されました。今回の民法改正（以下、改正された民法を「改正法」といいます）は120年ぶりの大改正といわれています。約120年間の社会の変化に伴って変更しなければならなくなった点の変更や、現在の裁判や取引実務で通用しているルールを法律上も明確にするといった観点で改正が行われました。保証に関するルールについても大きく変更されていますので、以下、説明させていただきます。

① 極度額の設定のない個人の根保証契約

まず、継続的な取引基本契約などで連帯保証人をつけてもらう場合ですが、改正法での根保証契約では、連帯保証人が支払の責任を負う金額の上限となる「極度額」を定めないと連帯保証契約自体が無効になることになりました（改正法465条の２）。

事例をあげて説明します。売主を「甲」、買主を「乙」、連帯保証人を「丙」として甲乙丙の三者間で継続的売買基本契約書を締結する場合、従来であれば契約の中に「丙は、甲に対して、乙が本契約に基づく甲に負担する一切の債務を連帯して保証する」という条文を規定していました。このように一定時点の特定の債務だけではなく、一定期間にわたり将来にかけて発生する一切の債務を負担する契約を根保証契約といいます。

しかし、根保証契約では、連帯保証人が契約の時点で実際にどれだけの債務を負担するかわからないまま不特定の債務をまとめて負担することになります。連帯保証人は、将来実際にいくらの債務を負担することになってしまうかわかりませんし、結果的に想定していた以上の重たい責任を負担することも予想される、とても不安な立場におかれることになってしまいます。

そのため、連帯保証人を保護する観点から、改正法では、このような個人の根保証契約の場合には契約締結時に極度額を定めなければならず、極度額を定めていない連帯保証契約は無効となることにされました。

したがって、有効な連帯保証人をつけるためには、現在使用している契約書の記載を変更する必要があります。具体的な記載内容は、先ほどの例をもとに説明すると、「丙は、甲に対して、乙が本契約に基づく甲に負担する一切の債務のうち○○○○円を限度として連帯して保証する」（○○○○には極度額として具体的な金額を記載する必要があります）といった形で規定するとよいと思います。

②　主債務者から連帯保証人への情報提供義務

次に、主債務者から連帯保証人に対する情報提供義務のルールが新設されました。すなわち、連帯保証人をつける際に、主債務者から連帯保証人に対して主債務者の財産状況等の情報を提供しなければならなくなりました（改正法465条の10第１項）。

具体的に提供しなければならない情報について、改正法では「主債務者の財産及び収支の状況」、「主たる債務以外に負担している債務の有無並びにその額及び履行状況」、「主たる債務の担保として他に提供し、又は提供しようとするものがあるときは、その旨及びその内容」と定められています（改正法465条の10第1項）。

たとえば、売主を「甲」、買主を「乙」、連帯保証人を「丙」として継続的売買基本契約を締結する場合に、主債務者である乙が、この情報提供義務を怠り、連帯保証人である丙に情報提供をしなかったため、丙が乙の財産状況等を誤解して連帯保証人になることを承諾した場合で、かつ甲が、乙が丙に対して情報提供義務を果たしていないことについて知っていたり、あるいは知らないことに過失があったりした場合には、丙は、後日、連帯保証契約を取り消すことができるとされています（改正法465条の10第2項）。そのため、この点も合わせて、従来の契約書の条項を変更することが必要になります。以上の改正民法の内容を踏まえた条文例を以下に記載しますので、参考にしてください。

［図２－14－１］　連帯保証

第●条（連帯保証）

1　丙は、甲に対して、乙が本契約に基づく甲に負担する一切の債務のうち○○○○円を限度として連帯して保証する。

2　乙は、丙に対して、本契約に先立ち、下記の項目について別紙のとおり、情報の提供を行い、丙は情報の提供を受けたことを確認する。

①　乙の財産及び収支の状況

②　乙が主債務以外に負担している債務の有無並びにその額及び履行状況

③　乙が主債務について甲に担保を提供していない事実

③　債権者から連帯保証人への情報提供義務

上記①と②は契約を締結するときの話でしたが、契約を締結した後も、債権者には一定の配慮を行うことが求められるようになりました。具体的には、２つあります。まず、保証人から請求があった場合には、債権者は主たる債務の履行状況について情報提供を行わなければならなくなりました（改正法458条の２）。次に、主債務者が期限の利益を喪失した場合には、債権者がこれを知った時から２か月以内に保証人にその旨を通知しなければならなくなりました（改正法458条の３）。いずれも債権者の側で対応しなければならない事項ですので、注意が必要です。

[図2—14—2]　連帯保証人をつけてもらう

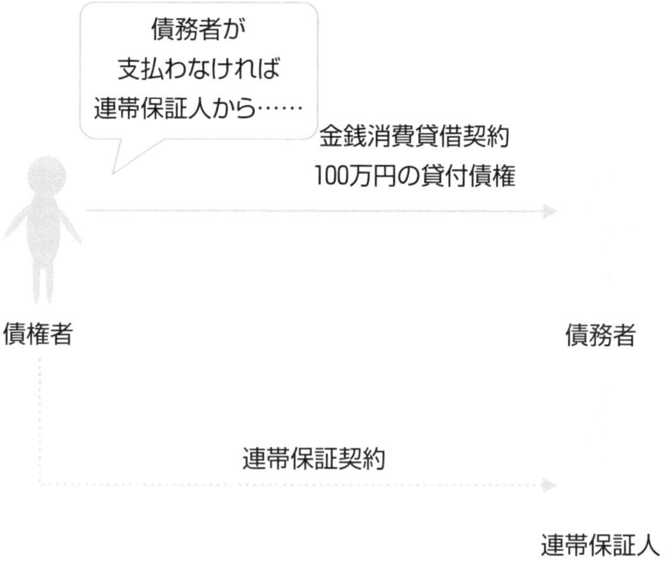

債務者が
支払わなければ
連帯保証人から……

金銭消費貸借契約
100万円の貸付債権

債権者

債務者

連帯保証契約

連帯保証人

15. 時効管理の勘所

(1) 特に短期消滅時効に注意しよう！

債権回収を進めるにあたって絶対に忘れてはならない重要な制度として「時効」があります。

時効は、ある事実状態が一定の期間（時効期間）継続した場合に、その事実状態に合わせて権利ないし法律関係の得喪変更を生じさせる制度です。時効には取得時効と消滅時効がありますが、債権回収の場面で注意が必要なのは消滅時効です。債権者が債権回収を怠り、債権の管理を放っておくと、一定期間の経過で債権が消滅するという事態が生じてしまいます。

この点、民法改正前は、短期消滅時効という制度がありました。一般的な債権の時効期間は原則10年とされ、債権の種類ごとに短期で消滅する債権が定められていました。債権の種類ごとに適用される条文が異なると、間違いなく条文を探したりする手間がかかったり、条文の適用範囲に迷ったりと何かと使い勝手の悪い複雑な制度で批判もありました。

そのため、今回の民法改正では債権の種類ごとの短期消滅時効制度は廃止され、シンプルに「権利を行使することができることを知った時」（主観的起算点）から５年または「権利を行使することができる時」（客観的起算点）から10年とされ、いずれかに該当すれば時効期間が経過したことになりました（改正法166条１項）。一般的に、契約に基づく債権の場合には契約を締結した時点で支払時期も認識しているでしょうから、一般的には５年間で時効により消滅すると考えておくとよいと思います。
もっとも、改正後の消滅時効期間が適用されるのは、改正民法施行日である2020年４月１日以降に発生した債権になるので、その前に発生した債権については、短期消滅時効のある改正前の時効制度が適用されることになりますので、その点には引き続き注意が必要です。

(2) 意識的に時効の管理を行うこと

５年程度の期間はあっという間に過ぎていきます。そのため、債権者としては債権を行使する意思を示すために、日々進行していく時効期間に目を光らせて、適切な時期に時効完成猶予や更新を行う必要があります。
民法改正によって、この点も変更されました。民法改正前は、消滅時効の進行を妨げる制度として、「中断」と「停止」という制度がありました。
時効の中断というのは、①裁判上の請求、②差押え・仮差押え・仮処分、③承認といった３つの事由があれば、それまで経過した時効期間がリセットされ、あらためてゼロから時効期間が進行するというものです。時効の停止というのは、一定の停止理由が発生すると一定期間時効の完成が猶予され、猶予期間が終わった時点から、あらためて進行を再開するというものです。
改正法では「中断」に代わる制度として「更新」、「停止」に代わる制度として「完成猶予」を設けました。これらは、名称の変更であり、実質的な内容は変更されていません。
また、それまではなかった新たな制度として「協議による時効完成の猶予の制度」（改正法151条）が創設されました。すなわち、争いとなっている権利について、当事者双方において協議を行う旨の合意を書面でした場合には、合意があった時から１年間は時効の完成を猶予することができ、合意の更新も最長で５年までできることになりました。これまで、たとえば、請求書を送付しておけば時効期間を６カ月間延長させることはできるものの、その６カ月以内に、①裁判上の請求、②差押え・仮差押え・仮処分、③承認のいずれかを行わなければ時効は中断しないとされており、債権者からすると、時効完成を止めるためだけに訴訟等を提訴しなければならず、結構な負担でした。しかしながら、今後は、債権者も時効の中断のために訴訟を提起する必要はなく、債務者と協議すれば時効期間を更新することが認められるようになりました。

なお、この改正後の消滅時効の適用は、2020年４月１日以降に発生する債権に適用され、それ以前に発生した債権には適用されず、従来の規定が適用されるので、その点には注意が必要です。

なお、５年とか10年とかと聞くと、結構時間があるように感じられるかもしれませんが、あっという間に過ぎてしまうので、要注意です。債権者も債権の滞りが生じたときは一生懸命になります。でも、債務者がのらりくらりとして支払いを延ばしているうちに、根気負けしてか、あるいは諦めの気持が芽生えてきてか、徐々に債権の回収を放置しがちになるのです。そのような例をたくさんみています。時効によって消滅しない限りは、債権回収をする可能性があるし、今は支払いをする余力のない債務者であっても、時間がたてば状況が回復して資力が生じるかもしれません。そのようになってから、いざ請求しようとしても、すでに消滅時効が成立していて、請求できなくなってしまうというのでは、悔やんでも悔やみきれないのではないでしょうか。適切な時効管理を心掛けたいところです。

[図2－15] 適切な時効管理を行う

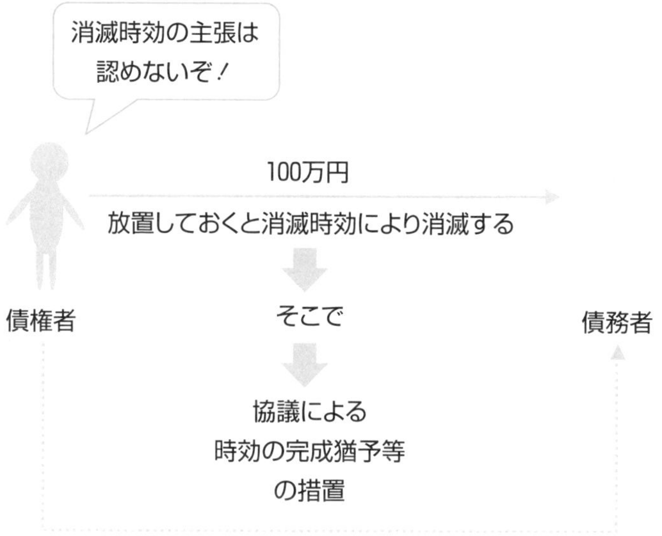

消滅時効の主張は
認めないぞ！

100万円

放置しておくと消滅時効により消滅する

そこで

協議による
時効の完成猶予等
の措置

債権者

債務者

16. 準消費貸借契約に切り替える

債権者と債務者との合意によって、売買代金債権を貸付金債権に変更することができます。このようにして変更された契約を準消費貸借契約（民法588条）といいます。債権を準消費貸借契約に切り替えておくことで、将来支払いが滞った場合に、債権回収をしやすくしておくことができます。

たとえば、小口の売買代金債権がたくさんある場合を想像してください。債権者が、債務者に対して継続的に商品を売っていたとします。それが徐々に滞っていきます。債権者は債務者に対して、１月には30万円、２月には150万円、３月には20万円の商品を売ったのですが、債務者は一向にこれらの支払いを行ってきません。この場合、債権者は債務者に対して①１月分の30万円、②２月分の150万円、③３月分の20万円という３本の債権を有していることになりますが、債権管理の観点からも、万が一裁判になった場合の立証の便宜のためにも、まとめておいたほうが効率的なのです。そこで、これらの小口の債権を１本にまとめて、お金の貸し借りがない200万円１本の準消費貸借契約に切り替えておくのです。

先ほどの例のように、３本くらいの債権であれば、それほど大きな苦労はないかもしれませんが、実際には小口の取引が繰り返されて、何十もの債権があるといった場合もよくあります。私の経験上も債権の仮差押えを行う依頼を受けたのですが、債権が小口で数が多すぎて、その立証に四苦八苦して、想定外の時間を要してしまったというケースがありました。債権の存在を証明するための証拠を揃えるだけでファイル何十冊に及んでしまったというケースでした。

いざというときに一からそれらの資料を揃えたり、日頃から債権管理を行うことを考えると、並大抵の手間暇ではありません。ですので、平常時や危機時期に債務者との話合いの中で準消費貸借契約に切り替えておくことは、日頃の債権管理上も有益ですし、万が一裁判上の手続を行わなければならなくなってしまった場合にも簡便なので、債権を強化しておく手法として講じておくのがよいと思います。

ちなみに、準消費貸借契約への切替えは新しく債務者との間で準消費貸借契約書を締結すればよいだけですので、弁護士や司法書士に契約書の内容を確認してもらって、債務者から署名押印してもらえばそれで完了しますので、それほど苦労はありません。

[図 2 —16]　準消費貸借契約に切り替える

17. 損害額の予定を規定する

民事訴訟では、原則として、訴えを提起した側がその請求内容を立証しなければなりません。先に述べた準金銭消費貸借契約への切替えもそうですが、日頃から債権の立証を容易にしておくことは、債権を強化することにつながります。

このような観点から債権の強化を行う方法として「損害賠償額の予定」という制度があります。かりに債務者が債権の支払いを滞らせた場合に、債権者の側で債務者の債務不履行によって被った損害を立証しなければなりません。損害が発生したことや発生した損害の額を証明するのが簡単ではない場合があります。そのような場合に、あらかじめ債務者と合意しておくことで、損害の額を証明することが不要になるのです。民法420条1項は、「当事者は、債務の不履行について損害賠償の額を予定することができる。この場合において、裁判所は、その額を増減することができない」と規定しています。

債務者と取引を開始する際に締結する契約書に「違約金」や「損害賠償額の予定額」といった項目を設け、「本契約において債務者に債務不履行が生じた場合には金○○○万円を債権者に生じた損害とする」などの文言を規定しておけばそれで足ります。もしくは、債権の滞りが生じた際に、債務者と話合いを行って、覚書か何か（タイトルは何でもかまいません）の書面に債務者に署名押印してもらっておけばそれで足ります。

[図2—17] 損害賠償額の予定を規定する

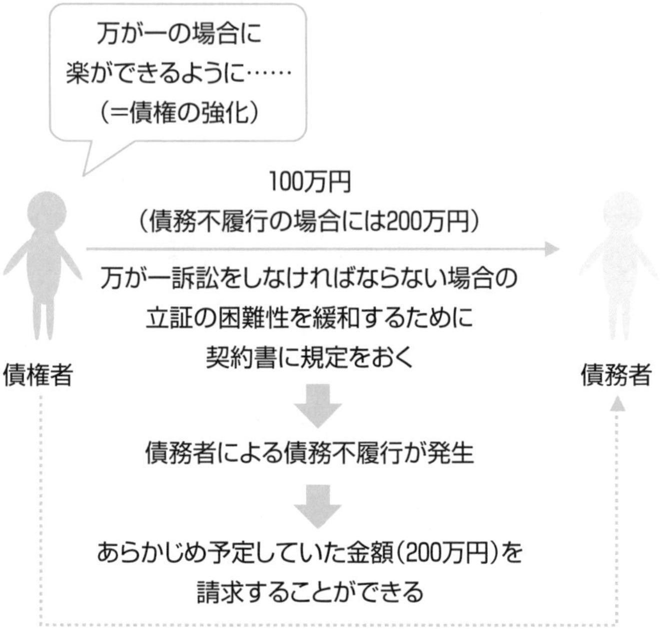

万が一の場合に
楽ができるように……
(=債権の強化)

100万円
(債務不履行の場合には200万円)

債権者

債務者

万が一訴訟をしなければならない場合の
立証の困難性を緩和するために
契約書に規定をおく

債務者による債務不履行が発生

あらかじめ予定していた金額(200万円)を
請求することができる

18. 将来の強制執行に備えよう

(1) 債務名義とは？

債権を強化するための方法として検討しておかなければならないのは、債権回収の最終段階である強制執行への備えです。債務者による債権の支払いが滞り、回収しようとする際に、債権者は債務者が保有している財産から強制的に回収したいと考えます。しかし、強制執行は債務者の保有している財産から債権者が強制的に回収することを認める強力な制度ですので、債権者が強制執行を行うためには「債務名義」が必要とされています。

債務名義は、債権者に執行機関（執行裁判所または執行官）の強制執行によって実現されるべき債権の存在および範囲を公的に証明した文書をいうとされており、民事執行法22条各号に定められています。

◆民事執行法22条（債務名義）

強制執行は、次に掲げるもの（以下「債務名義」という。）により行う。

一　確定判決

二　仮執行の宣言を付した判決

三　抗告によらなければ不服を申し立てることができない裁判（確定しなければその効力を生じない裁判にあつては、確定したものに限る。）

三の二　仮執行の宣言を付した損害賠償命令
四　仮執行の宣言を付した支払督促
四の二　訴訟費用、和解の費用若しくは非訟事件（他の法令の規定により非訟事件手続法（平成23年法律第51号）の規定を準用することとされる事件を含む。）若しくは家事事件の手続の費用の負担の額を定める裁判所書記官の処分又は第42条第４項に規定する執行費用及び返還すべき金銭の額を定める裁判所書記官の処分（後者の処分にあつては、確定したものに限る。）
五　金銭の一定の額の支払又はその他の代替物若しくは有価証券の一定の数量の給付を目的とする請求について公証人が作成した公正証書で、債務者が直ちに強制執行に服する旨の陳述が記載されているもの（以下「執行証書」という。）
六　確定した執行判決のある外国裁判所の判決
六の二　確定した執行決定のある仲裁判断
七　確定判決と同一の効力を有するもの（第３号に掲げる裁判を除く。）

⑵　公正証書

債務名義のほとんどは裁判上の手続を経なければ取得できないのですが、例外があります。それが民事執行法22条５号に規定されている公正証書です。

公正証書というのは、公証人が公証人法・民法などの法律に従って作成する公文書です。公文書ですから高い証明力があるうえ、債務者が金銭債務の支払いを怠ると、裁判所の判決などを待たないで直ちに強制執行手続に移ることができるのです。

すなわち、金銭の貸借や養育費の支払いなど金銭の支払いを内容とする契約の場合、債務者が支払いをしないときには、裁判を起こして裁判所の判決等を得なければ強制執行をすることができませんが、公正証書を作成しておけば、すぐに執行手続に入ることができるのです。

裁判上の手続を行って債務名義を取得するのは、債務者がかなり支払いを滞らせてしまっている状況になってからです。債権回収の時系列で考えると、かなり末期的状況に近い段階です。任意の交渉を行ったものの、債務者が支払いを行わず、やむを得ずに裁判上の手続を行うといった状況なのです。

ですが、公正証書はもっと早い段階で作成することができます。たとえば、債務者からお金を貸してくれと言われ、お金を貸すのはよいけれど、どこか債務者に信用できないところがあるとか、債務者に対して請求しているのにもかかわらず債務者が支払いをしないので、債務者と合意のもとで万が一の備えを強化したいとか、これまでの売掛金債権を準金銭消費貸借契約に巻き直すといったような場合に利用することができるのです。

具体的な手続については、弁護士や司法書士に依頼することもなく、最寄りの公証役場に行けば教えてくれるので、将来の強制執行への備えとして活用するとよいと思います。

(3) 即決和解の申立て

債権者と債務者との間で弁済の内容などについての争いがあ

る場合には、債権者と債務者が相互に譲歩することで和解をすることになります。債権者と債務者が裁判官の面前で合意内容を確認して和解調書を作成することで、民事執行法22条７号の債務名義を取得することができます。このような方法を即決和解といいます。即決和解の申立てをして和解調書が作成されると、和解調書は判決と同様の効力を有することになるので、債務者が和解調書に規定された内容で支払いを怠った場合には、和解調書を債務名義として強制執行手続を行うことができるのです。即決和解手続は簡易裁判所に申立てを行いますが、手続も簡単で費用も低額で済むので、おすすめです。

公正証書の作成や即決和解手続の利用によって債務名義を取得して、債権を強化することで、効果的な債権回収を行うように備えておくことが有益です。

[図2―18]　将来の強制執行に備えよう

今のうちに債権を
強めておこう……

① 100万円（売掛債権）

債権者

債務者が支払わない場合には
訴訟を提起して確定判決を得る等
債務名義を取得しなければ
強制執行ができない

債務者

あらかじめ債務名義を取得して
債権を強化しておく

① 公正証書の作成
② 即決和解の申立て

第3章

債権回収の工夫①
～工夫を凝らして
迅速かつ確実に～

債権回収のノウハウを紹介する書籍は多く存在します。しかし、それらの書籍で紹介されているノウハウの多くはどちらかというと金銭的にも時間的にも余裕がある大企業にとっては役に立つかもしれませんが、日本の企業の98%を占めるといわれる中小企業や個人事業主にとっては、実践的ではなく、効果的でもありません。

日々、中小企業・個人事業主の債権回収の現場で汗を流して奔走している弁護士の視点からすると、「そんなの中小企業や個人事業者では通用しないよ……」とか、「そんな悠長なことを言っていたら中小企業や個人事業者は潰れてしまうよ……」とか、「そんなことする費用があるなら債権回収しないで新しい仕事をしていればよいと思うんだけど……」などと感じざるを得ない内容もたくさん紹介されています。

もっと現場目線で、しかも企業や事業者の体力にあった形で債権回収のノウハウを紹介し、活用していかなければ意味がありません。

そこで、第３章では、より現場目線に立ちすぐにでも実践可能でかつ効果的なノウハウを紹介します。

1. 正攻法では役不足？

(1) 債権回収の正攻法は？

債権回収には正攻法があります。それは、①請求書を送る、②一定期間待って相手の対応状況と回答内容に応じて内容証明郵便を送る、③それでも応じなければ支払督促や少額訴訟や通常訴訟を裁判所に提訴する、④それらと並行して仮差押えや仮処分を裁判所に申し立て財産の保全を行う、⑤（③の相手方の対応に応じて）必要な主張立証を行う、⑥（⑤の相手方の対応と裁判手続の結果に応じて）控訴したり控訴されたりする、⑦決定や判決が確定したら（相手の対応に応じて）裁判所に強制執行を申し立てる、⑧（⑦で強制執行が空振りに終われば）相手の財産を調べてさらに強制執行を申し立てる、⑨以後⑧を繰り返す……といった流れです。

ただ、この債権回収の正攻法を杓子定規に進めていくのは利口ではありません。正攻法だと時間がかかります。正攻法だと費用もかかります。時間がかかれば債権の回収率は下がります。また、費用対効果の面でもマイナスになる場面が想定されます。正攻法を前提としながらも、相手の対応と相手のおかれている状況から推測して最も効率的な方法を選択して、最も効果が高いと思われる作戦をたてて債権回収を進めていく必要があります。

的確な状況判断のもとで、債権回収のためのさまざまな方法を活用しながら、段取りよく進めていくための工夫が必要になるのです。債権回収の「戦略」をたてて、債権回収の「戦術」を駆使して、１円でも多くの債権を１秒でも早く回収にあたるという横断的な視点が必要になります。

(2) 正攻法を基礎に「戦略」をたてて「戦術」を駆使する

債権回収に関する業務の中でも一番時間を割いて周到に準備するのが、債権回収の「戦略」の立案です。債務者とのこれまでの交渉経緯や収集した情報の分析を行い、今後予想される債務者の対応などを勘案して、どのような「戦略」で債権回収を進めるかをクライアントと共同で立案していきます。大きな「戦略」（債権回収のロードマップ）ができたら、今度は、具体的にどのような段階で、どのようなスケジュールで、どのような手続をどのように利用していくかといった具体的な「戦術」を検討していきます。債務者の対応や反応を予測しながら、フローチャートにしながら、作戦を練っていくのです。

教科書どおりに債権回収の正攻法で進めていくのではなく、債権回収の正攻法を理解したうえで、これまでのノウハウや経験に基づく工夫を織り交ぜつつ、それぞれの手続の長所・短所を検討しつつ、債権回収を進めていくことが求められます。

(3) 裁判に勝つ＝債権を回収すること？

日々の相談の中で「先生！ 債務者に対して裁判を起こしてくれませんか？ 500万円を貸して、返済期限になっても支払ってくれないのです。裁判をして500万円を回収したいので、お願いします！」と血気盛んに言われる場合があります。

そのような方に、私のほうから「裁判に勝つことと、債権を回収することは別のことです。裁判に勝ったからといって、債権が回収できるわけではありません」と説明すると、キョトンとした顔をされることがあります。裁判に勝つこと＝（イコール）債権回収と考えている方も多いのかもしれませんが、その考えは誤りです。

裁判制度の利用は、あくまで債権回収の手法の１つに過ぎません。少しでも早く、１円でも多く債権を回収するためには、裁判制度を利用することは得策ではない場合もありますし、裁判よりも早く確実に債権回収を行うことができる手段もあります。

むしろ、裁判を起こしたことで、債務者が逃げてしまって、債務者と連絡がとれなくなってしまったというケースもありますし、債務者が支払いを諦めてしまって破産手続開始の申立てをしてしまったというケースもあります。

そのため、債権回収の場面では、可能な限り、裁判手続の利用を避けつつ、仕方ない場合に裁判手続を利用するくらいで考えた方がよいと思います。

[図3—1]　正攻法では役不足

どうやって債権を回収しようか……

債権者

債務者

① 請求書を送る
② 内容証明郵便
③（①②に応じなければ）
　支払督促・少額訴訟・通常訴訟
④（①～③と並行して）仮差押え・
　仮処分による執行財産の保全
⑤（③の相手方の対応に応じて）
　必要な主張立証
⑥（⑤の相手方の対応と裁判手続の
　結果に応じて）控訴
⑦（決定や判決が確定したら相手の
　対応に応じて）強制執行
⑧（⑦で強制執行が空振りに終われば）
　さらに強制執行
⑨ 以後⑧を繰り返す……

時間・労力・費用を考えながら正攻法に拘泥することなく

①「戦略」を立案し
②「戦術」を駆使して

回収していく！

2. 相殺は最強の回収方法

相殺についてはすでに説明しました（第２章９. 参照）が、債権回収の「戦略」を練る際に忘れてはならないのは「債権・債務の相殺ができないか？」という視点です。「相殺できるならとっくに相殺するから忘れるわけはないよ！」という答えも返ってきそうですが、債権者が目先の債権の回収ばかりに意識がいってしまい、相殺できる債権・債務の対立状況にあることを忘れてしまっていることがあるので、侮れません。

実際に打合せの中で、私から「相殺できる債権はありませんか？」と尋ねたところ、「あ！ そういえば……」といった形で思いだして、相殺によって債権回収を行ったことは、１度や２度ではありません。

相殺は通知書を１通送付するだけで、一瞬で債権を回収することができる最も簡単で最も強力な債権回収手法です。手続的にも通知書を１通送付するだけですし、時間的にも通知書が債務者に届けば一瞬で債権の満額回収ができるというすぐれた方法なのです。

具体的には、たとえば、ＡがＢから10万円で商品を購入したとします。このとき、ＡはＢに対して商品の購入代金10万円を支払うべき債務を負担することになります。他方で、Ｂは以前にＡから商品を15万円で購入していたものの、まだ商品の購入代金を支払っていなかったとします。このとき、Ｂ

はＡに対して商品の購入代金15万円を支払うべき債務を負担していることになります。

Ａは Ｂに対して10万円を支払わなければなりませんし、Ｂは Ａに15万円を支払わなければなりません。この場合に、ＡとＢとの間で実際に商品の購入代金をお互いに支払いし合ってもよいと思いますが、それだとＡとＢのやりとりとしては煩雑ですし面倒です。そこで、お互いの債権・債務を対等額で消滅させることで決済を簡略化することができるようにした制度が「相殺」制度です。

先ほどの例では、Ｂは自己の債務（15万円）とＡの債務（10万円）を差し引きして、残った５万円だけＡに支払えばよいということになります。ＡはＢとの間で面倒な交渉をしたわけでもなければ、時間をかけたわけでもありませんし、手間をかけたわけでもありません。Ａが行った回収方法はＢに手紙を１通送っただけなのです。手紙を１通送っただけで、一瞬で債権を回収することができるのです。

［図３—２］　相殺は最強の債権回収手段

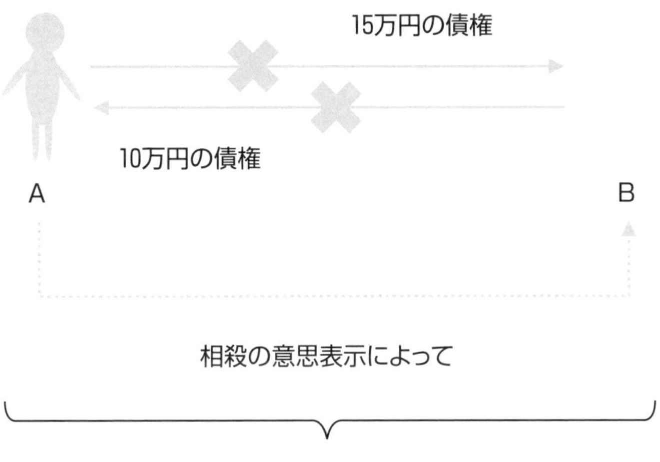

相殺の意思表示によって

差引５万円になる
（10万円の債権を一瞬で回収できる）

3. 代物弁済による債権回収

債権回収の方法の１つに代物弁済（だいぶつべんさい）という方法があります。［図３—３］（代物弁済による債権回収）をご覧ください。

債権者が債務者に対して100万円の債権を保有していたとします（①）。債権者が何度も請求しているにもかかわらず、債務者は一向に支払おうとしません。

債権者は「このままでは、いつまで待てば債権を回収できるのかわからない。こんなことであれば、債務者から何かほかの財産をもらってそれで回収してしまおう」と考え、債務者から他の財産をもらう合意をして、債務者から商品の提供を受けます（②）。

このような合意を代物弁済といいます。代物弁済は、既存の債務で債務者が本来的に負担することとなっている給付に代えて他の給付をなすことで、既存の債務を消滅させる債権者と債務者との契約のことをいいます。代物弁済について、民法482条は以下のように規定しています。

◆民法482条（代物弁済）

債務者が、債権者の承諾を得て、その負担した給付に代えて他の給付をしたときは、その給付は、弁済と同一の効力を有する。

①当事者間に既存の債務が存在すること、②本来的に負担していた給付と異なる給付が現実になされること（実際に代わりの物の提供が行われること）、③弁済に代えてなされること、④債権者の承諾があることという要件を満たせば、債務が消滅することになります。

債務者から現金の代わりに受領する物は、商品に限らず、債務者が保有する不動産であってもよいですし、車などの動産であってもよいですし、第三者に対する貸付金などでもよいのです。要は100万円の債権の代わりになるような物であれば、不動産・動産・債権などの種類を問いません。現実には、債務者が保有する資産の価値をどのように評価するかが問題になりますが、債権者と債務者の合意で、現金以外からも回収が可能であることを念頭において債権回収を進めることが必要です。

債権を保有していると、どうしても債権に対する金銭を支払ってもらって回収することを考えてしまいますが、必ずしも金銭で回収しなければならない理由はありません。債権と同価値の物を債務者が保有しているのであれば、そちらをもらって解決するという視点も債権回収の場面では大切になってきます。

金銭の支払いを受けることができなくても、それと同様の価値のあるものを取得することができるのであれば、債権回収をしたのと同等の効果を得ることができるため、代物弁済はすぐれた債権回収方法の１つです。

［図３―３］　代物弁済による債権回収

4. 債権譲渡による債権回収

債権回収の方法の１つに債権譲渡による回収という方法があります。［図３—４］（債権譲渡による債権回収）をご覧ください。

たとえば、債権者が債務者に対して100万円の債権を保有していたとします（①）。債権者が何度も請求しているにもかかわらず、債務者は一向に支払おうとしません。

債権者は「このままいつまで待てば債権を回収できるかわからない。こんなことであれば、100万円の債権を80万円にディスカウントして誰かに売ってしまおう」と考え、新・債権者に対して債権譲渡を行います（②）。債権者は新・債権者から債権譲渡の対価として80万円を回収することができます。そして、新・債権者は債権者から80万円で債権を買い取り、債務者に対して100万円の請求を行っていくという形になります（③）。

「債権者は80万円しか回収できず、結局20万円も損しているではないか」と感じる方もいるかもしれませんが、いつ回収できるかわからないような債権をずっと保有し続けているよりは、さっさと誰かに債権を売却し、回収してしまったほうが有益だという考えもあるのです。

債権を保有している限り、債権者は債務者に請求し続けなければなりませんから、そのコストや手間暇がかかります。債権管理や債権回収のコストや手間暇を考えたときに、20万円の値下げなら、そのほうが得だという判断もあり得るわけです。

他方で、新・債権者は自分の債権の目利きさえしっかりしていれば、債務者に対する債権を80万円で買ったとしても、将来的に債務者から100万円を回収できれば、20万円の利益をあげることもできるわけですから、新・債権者にとってもメリットがあるわけです。

そして、このようなスキームを利用して、債権管理回収を業とする会社も存在しています。債権回収会社、いわゆる「サービサー」です。債権の回収業務は、本来であれば、法律事務の処理に該当するので、弁護士法によって弁護士以外の者が行うことは禁止されています。

しかし、債権管理回収業に関する特別措置法（いわゆる「サービサー法」）によって、法務大臣から許可を得た株式会社は弁護士法の特例として、一定の条件のもとで債権管理回収業を営むことができるとされています。

この債権譲渡は、債権者と新・債権者との間で債権譲渡の条件を合意したうえで、債権者から債務者に対して、債権譲渡通知書を内容証明で送付すれば、債権の移転が完了し、債権回収にかかる時間も短く、かつ簡単な手続で債権回収ができるので、簡単便利なすぐれた債権回収方法です。

ただし、譲渡禁止特約がついている債権は譲渡できないので注意が必要です。債権は自由に譲渡できるのが原則なのですが（民法466条１項）、債権者と債務者との間で債権の譲渡を禁止する合意をすることができるのです（民法466条２項）。債権者と債務者間の契約書や合意内容を確認しておく必要があります。

［図３―４］　債権譲渡による債権回収

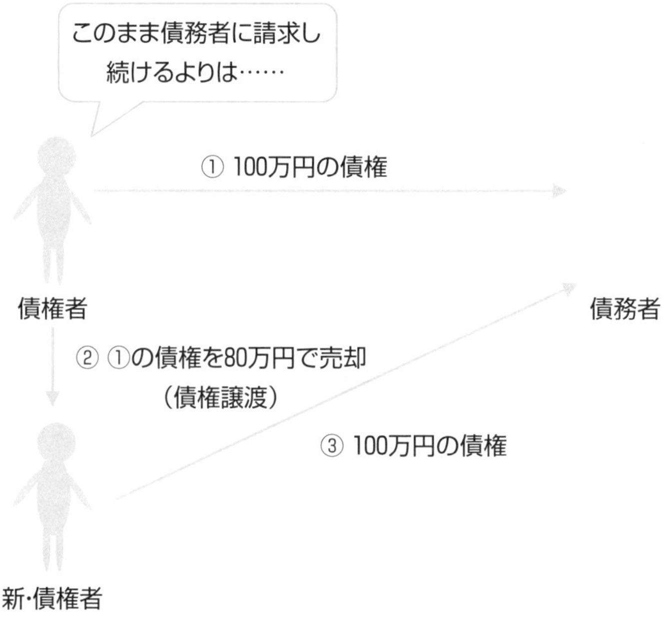

5. 債権譲渡＋相殺による債権回収

債権譲渡による債権回収をさらに一歩進めたものとして、「債権回収＋相殺」による債権回収という方法があります。

［図３—４］（債権譲渡による債権回収）の方法では、新・債権者が債務者から債権回収を行うことができるかについてリスクを負担することになります。新・債権者が債務者から100%回収できる保証はどこにもありません。債務者としても、請求を受ける相手が、債権者から新・債権者に変更になっただけで、債権が譲渡されようが、譲渡されまいが、痛くもかゆくもありません。

そこで、債権譲渡による債権回収をより効果的に行うために、債権を譲渡する相手を選定するという方法がとられています。［図３—５］（債権譲渡＋相殺による債権回収）をご覧ください。

［図３—４］（債権譲渡による債権回収）の方法では、債権者から債権譲渡を受ける新・債権者は債務者との間で従前の取引関係がない者を想定していました。これに対して、［図３—５］（債権譲渡＋相殺による債権回収）の方法では、債権者から債権譲渡を受ける新・債権者は債務者との間で従前の取引関係がある者を想定しています。

すなわち、債権者が債務者に対して100万円の債権を保有していたとします（①）。債権者が何度も請求しているにもかかわらず、債務者は一向に支払おうとしません。

債権者は「このままでは、いつまで待てば債権を回収できるのかわからない。こんなことであれば、100万円の債権を80万円にディスカウントして誰かに売ってしまおう」と考え、新・債権者に対して債権譲渡を行います（③）。

ただ、債務者と従前の取引関係がない新・債権者の場合には債務者からの回収リスクを負担しなければならないため、債権の買取りに際してもあまり高い値段で買い取ってもらえません。債権者としては、できるだけ債権を高額で買い取ってもらうことで、1円でも2円でも多くの債権を回収することをめざしたいところです。新・債権者が債務者に対する債権を債権者から買い取るに際して80万円しか提示できないのは、そこに回収不能のリスクを背負っているからです。

これに対して、回収不能のリスクが下がれば下がった分だけ、債権者の債権回収は功を奏することになります。そこで、債権譲渡を受けた後に、債務者に対して、素早く簡単な方法で債権を回収することができる立場の者（②）に債権を譲渡することで、回収不能リスクは飛躍的に低減できます。一番良いのは、債務者に対する相殺権を保有している人に債権を譲渡することです。相殺は債権譲渡の最も効果的な手法だといっても過言ではありません。

その結果、債権者は新・債権者から債権譲渡の対価として90

万円を回収することができます。そして、新・債権者は債権者から90万円で債権を買い取り、債務者に対する120万円の債務と対等額（100万円）で相殺するわけです（③～⑤）。

［図3―5］ 債権譲渡＋相殺による債権回収

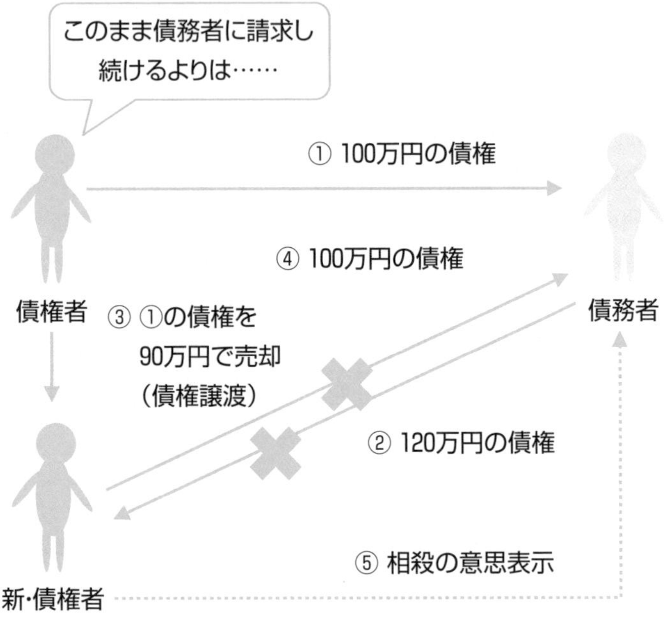

6. 新しい担保権を創造する

SNS の普及によって、人とのつながりや人からのコメント等の他人の目を気にする人が増えていると感じます。誰しも、誰かとの繋がりの中で生きていたり、他人からの評価を気にしたりしながら生きているのです。ほとんどの人が、自分が大切に思う人から悪く思われたくないと思うはずです。そんなことを考えているうちに、「そのような心理状態を利用すれば、新たな担保権として活用できるのではないか？」と思いつきました。それが「(仮) 人間関係担保」という方法です。法律で定められているわけでもありませんし、実務で通用しているわけでもないので、他に同じようなことをしている弁護士の先生はいるかもしれませんが、基本的には完全に独自に開発したメソッドです。ネーミングも今一つで、これから何か良い名前をつけることができるかもしれませんが、今のところは「(仮) 人間関係担保」と名付けて実践しています。

何をどのようにするかというと、債権者と債務者の合意のもとで、債務者のスマホ内のデータを SD カードに移し債権者に渡してもらったり、債務者のスマホ内のデータを USB ケーブルによって債権者の PC に移してもらったり、他のスマートフォン端末に移管してもらったりして保管します。データを移すのが難しい場合には、Apple ID を教えてもらったりして、それを保管したりします。これは債権者と債務者の意向や人間関係次第で、さまざまな情報を担保として扱います。他方で、債権者は、債務者に対して、債権の支払いが続いている限り債権者は情報をみたり使用したりはしないと約束する形になります。

契約書に規定する具体的な条項例について説明します。たとえば、甲が乙に対して、100万円を貸していて、その支払いを担保するために、甲が乙のスマホ内のデータの有する価値に担保権を設定するイメージです。

第●条（担保）

1　乙は、甲に対して、甲が乙に対して有する貸付金債権金○○○○円（以下「本件債務」という）の支払いを担保する目的で、乙の保有するスマートフォン内のデータ（電話帳のデータを含むがこれに限らない、以下「本件データ」という）のコピーを移転する。

2　甲は、乙が本契約の定める各条項を遵守する限りは、本件データを閲覧し、又は如何なる用途でも使用してはならない。

3　甲は、乙が本契約に違反した場合には、本件データを閲覧し、又は使用することができる。甲及び乙は、甲が使用することができる使用形態については別途協議して決定する。

第3項で「使用形態については別途協議して決定する」としているのは、たとえば、乙が約束を守らず音信不通になった場合に、甲は本件データを利用して乙の知り合いに、「乙がどこにいるか知りませんか？」と連絡をとることができる等を定めるのです。実際に適用する場面では、連絡をとることができる対象を限定したり、甲が伝えることができる発言内容等を限定しなければ、公序良俗に違反したり（民法90条）、勢い余って甲が名誉棄損罪（刑法230条）や信用棄損罪（刑法233条）に該当する行為をしてしまったりする可能性があるので、慎重に規定します。このあたりの内容は、実際の場面で、甲と乙の関係性、甲と乙の間の従前の経緯、本件債務の金額、その他の返済条件を聞いたうえで個別に設定していく必要がありますので、弁護士に相談して注意点をよく確認したうえで制度設計を行うことが大切だと思います。

以上が（仮）人間関係担保の例ですが、個人の人的関係以外にも、たとえば、航空会社が発行しているマイレージや、企業が発行しているポイントや、仮想通貨なども財産的価値のあるもので、それらに対する担保権の設定を行ったりすることもあります。いずれも典型的なものではないため、条項の規定の仕方や制度設計を慎重に行う必要がありますが、「何か担保にとれそうなものはないか？」「何を担保にとれば債務者が債務をちゃんと履行してもらえるようになるか？」といった観点から、債務者の生活状況を観察したり、債務者と話し合いを行ったりすることで、いろいろな内容を想定することが可能だと思います。そのため、是非、想像力を駆使しながら、実情に応じた担保設定を行っていただければと思います。

7. 物の引揚げはどうする？

(1) 物の引揚げ時の注意点

債権回収の中で物の引揚げを検討する場合があります。たとえば、債権者が債務者に対して商品を売却したものの、債務者が債権者に対して商品の代金を支払っていないような場合です。債権者のたび重なる請求にもかかわらず、債務者は商品の代金を支払いません。債権者が債務者に会いに行ったところ、債務者の家で梱包されたままの商品を発見しました。そうしているうちに、債務者の資金繰りが悪化して、債務者が数日後には倒産してしまうかもしれない……といった場合です。

このような場合、債務者が倒産してしまうと、債権者は商品の代金の回収ができません。そこで、債権者としては債務者に売却した商品を持ち帰ってこようと考えるわけです。「代金を支払わないのなら、渡した物を返せ！」ということになるわけです。

公平の観点から考えれば、債権者は債務者のところから商品を持って帰ってきても問題はなさそうな気がしますが、そんなに簡単なことではありません。安易に引き揚げてしまうと、よけいなトラブルや犯罪にも発展しかねないので注意が必要です。

① 契約関係を解除する

まず注意すべき点としては、債権者が債務者に対して契約を解除することを伝えなければなりません。債権者が債務者に対して有する権利は、「商品代金を支払え」という請求権です。この請求権を「商品を返せ」という請求権に変えなければなりません。そのために、債権者は債務者との契約を解除したうえで、「商品を返せ」という請求権に変える必要があるのです。

② 犯罪にならないように注意する

次に注意すべき点としては、犯罪にならないようにすることです。物の引揚げを検討しなければならない場面は緊急事態です。緊急事態なので、十分な法的検討をせずに、商品の引揚げを断行してしまうことがあります。その結果、意図せずに犯罪をしてしまうことがあります。特に注意しなければならない犯罪は、住居侵入等と窃盗罪です。

まず、住居侵入等についてですが、刑法130条（住居侵入等）は「正当な理由がないのに、人の住居若しくは人の看守する邸宅、建造物若しくは艦船に侵入し、又は要求を受けたにもかかわらずこれらの場所から退去しなかった者は、３年以下の懲役又は10万円以下の罰金に処する」と規定しています。物の引揚げを行う際に、債務者の営業所や会社を訪問します。その際に、債務者の営業所や会社の敷地には債務者の管理支配権があります。無断で立ち入った場合には、この管理支配権を侵害する可能性があるのです。誰でも入ることが容認されているような場所であればともかく、無断で侵入することは避けるようにしてください。インターホンや受付で、氏名や名称を名乗り、承諾を得たうえで敷地内に入る必要があります。

次に窃盗罪についてですが、窃盗罪は他人の占有する財物を自分の占有に移す犯罪です。刑法235条（窃盗）に「他人の財物を窃取した者は、窃盗の罪とし、10年以下の懲役又は50万円以下の罰金に処する」と規定されています。ですので、債務者に無断で勝手に物の引揚げをしてしまうと、窃盗罪に問われる可能性があるのです。ですので、物の引揚げについても、債務者の承諾を得たうえで行う必要があります。

(2) 債務者の承諾のとり方は？

それでは、債務者の承諾はどのようにして取得すればよいのでしょうか。

もし債務者から一筆とれれば、それに越したことはありません。ですので、まずは、債務者に一筆もらえるように、物の引揚げの際には「引揚げ同意書」を用意して、その場に居合わせた者にサインをもらいます。

債務者が会社の場合には、代表取締役のサインをもらえればよいのですが、代表取締役がその場にいるとは限らないので、最悪の場合には、その場にいる社員からサインをもらえばよいと思います。「印鑑がなくてもよいのでしょうか」と尋ねられることがありますが、サインがあれば、印鑑は不要です。とにかく債務者の承諾をもらうことに専念してください。

(3) 債務者から一筆もらえない場合には？

それでは、債務者から一筆をもらえない場合には、どうしたらよいのでしょうか。

その場合には「黙示の承諾」を検討します。具体的には、債務者の施設に入る際に大きな声で「○○株式会社ですけど！

○○を引き揚げに来ました」と言いながら施設に入ります。その場にいる方から拒絶されなければ、とりあえず、引揚げを行います。ただ、あとで債務者側から「敷地に入ることも、物を引き揚げることも承諾していない」という反論がでた場合に備えて、一連のやりとりを撮影しておくとよいと思います。ひと昔前ではビデオカメラで撮影したり、録音機で録音したりしていましたが、今は携帯電話機器が発達してきていて、スマートフォンでも簡単に撮影できるようになりましたから、それらを活用するとよいと思います。

また、注意点としては、物の引揚げは将来紛争に発展する場合も多いので、その場合に備えて有利になる証拠を残しておくことが必要です。必ず複数で訪問し、訪問の状況はメモや電子メールに残して記録化しておくことが大切です。日付、天気、人数、訪問者、相手の対応状況などを克明に記録しておくとよいと思います。

また、詐害行為にならないようにする必要があります。民法424条は詐害行為に対する取消権を規定しています。詐欺行為取消権というのは、債務者が債権者を害することを認識しつつ自己の財産を売買するなどして積極的に減少させた場合に、債権者が裁判上その法律行為を取り消して財産を返還させ、責任財産（抵当権や先取特権を有しない一般の債権者が債権を回収する際に引当てとなる債務者の財産のこと）を保全するための制度です。

債務者の責任財産が減少すれば、債権者が債権を回収できる可能性が低くなります。そして、債務者が債務者自身の責任財産を不当に減少させる行為（詐害行為）をした場合、この行為は債権者の債権回収の機会を減少させ、結果債権者を害することになります。

この場合に、債権者は、債務者の詐害行為を取消し、詐害行為によって責任財産から失われた財産を債務者の責任財産へ戻すことができるようにしているわけです。

◆民法424条（詐害行為取消権）

1　債権者は、債務者が債権者を害することを知ってした法律行為の取消しを裁判所に請求することができる。ただし、その行為によって利益を受けた者又は転得者がその行為又は転得の時において債権者を害すべき事実を知らなかったときは、この限りでない。

2　前項の規定は、財産権を目的としない法律行為については、適用しない。

⑷　第三者の商品の引揚げは？

さらに、自社商品だけではなく、他社の納入した商品を引き揚げることを検討する場合もあります。他社商品であっても債務者から「代物弁済の同意書」をもらう等、債務者の同意を得たうえで引き揚げることが必要です。

特に、債務者に信用不安が生じた場合には、債務者の現場は混とんとしていて、どの商品が自社の商品で、どの商品が他社の商品か判然としない場合も多いものです。そこで、まずはとにかく自社のトラックに商品を積み込んでしまいます。黙って積み込んでしまうと窃盗になるので、「代物弁済の同意書」を取得して積込みを行ってください。その際には、①代物弁済の対象になる目的物を特定する、②その商品の価格をいくらの債権の支払いにあてるのかを明確にする、③商品の引揚げに承諾してもらうという3点が重要になります。

債権者の中には誤解している方が時々いますが、何でもかんでも引揚げができるわけではありません。引き揚げるための根拠が必要です。このあたりは専門知識が必要になるので、弁護士に相談して、法的な根拠を確認したうえで、進めることをおすすめします。

［図3－7］ 物の引揚げはどうするの？

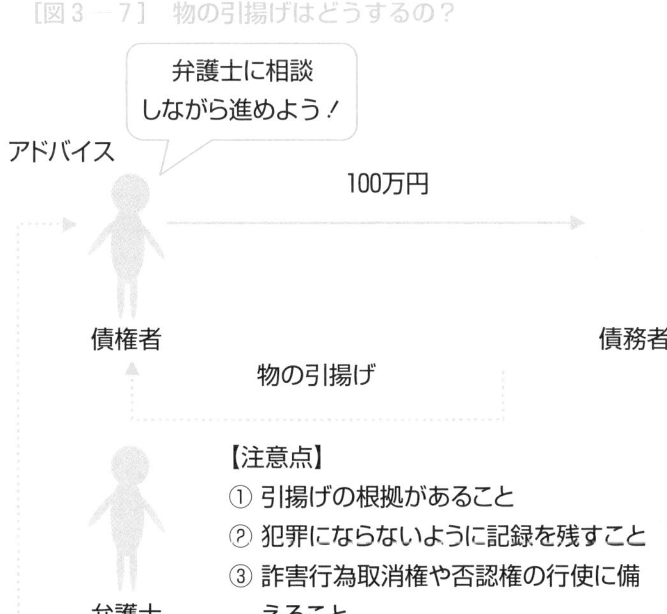

8. 通知書を送る

債権者から請求書を送付しているにもかかわらず、支払いをしようとしない債務者に対しては通知書を送付します。その際に意識しなければならないのは、万が一、裁判上の手続をとるときに備えて記録化・証拠化を行うという視点です。

記録化・証拠化をめざす意味は2つあります。1点目は、債権回収の場面でありがちな「言った、言わない」とか、「請求を受けた、請求を受けていない」を排除するという意味があります。2点目は、債権回収の交渉がこじれた場合の最終的な解決のステージである「裁判」になった場合に備えて少しでも有利な証拠を蓄積していくという意味があります。

債権回収に応じない債務者に対する最終局面は裁判所を通じての解決です。その際に重要視されるのは書面による証拠の有無です。債権回収の初期の段階から交渉がこじれた際の最終局面である裁判の場面をつねに想定しておかなければ、最後の最後で足元をすくわれかねません。

たとえば、調停の場合は調停委員が当事者の間に入って話合いを進めていきます。訴訟手続の場合には裁判官が当事者の主張を聞いてどちらの主張が正しいのかを判断していきます。その際に重要なのは証拠です。裁判上の手続は証拠がすべてです。

債権回収の場面では、どのように証拠を整えていくとよいのでしょうか。ポイントとしては、送付する書面の形状や内容を変更しながら段階的にプレッシャーをかけていくということです。そして、その過程を記録に残していくということです。

具体的には、まずは、債権者から債務者に対して請求書を送ります。請求書を送っても、債務者が支払わなかった場合には、通知書を送ることになります。いわゆる督促文です。通知書の種類や送付方法を検討することで債権回収の効果をあげていくことを狙って形式を考えます。電子メールで行うのか、FAXで行うのか、書留で行うのか、内容証明郵便を送付するのかを検討して、段階的にプレッシャーをかけていくことが必要になります。

段階的にプレッシャーをかけていくという意味合いでは、特にやっかいな相手に対しては、特定記録郵便や内容証明郵便を使って、配達日時や送付した文章の内容を記録化・証拠化するところまで徹底していくことも必要です。

特定記録郵便は日本郵便が郵便物を引き受けたことを記録してくれるので、これを使うことで、後日「請求は受けていない」とか、「その債権はすでに時効で消滅している」などといった反論を防ぐことができます。

さらに、内容証明郵便はいつ誰から誰あてにどのような内容の書面を送付したか、そしてそれが相手に送達されたかまで日本郵便が証明してくれます。内容証明郵便を使うことで、後日「請求は受けたが金額が違う」とか、「請求は受けたが金額の内訳が違う」といった反論を防ぐことができます。また、内容証明郵便を受け取った場合、「次に何か法的な手続がくるのではないか……」といったプレッシャーを受ける人が多いと思われるので、そのような心理的効果も期待できます。

それぞれの特徴を理解したうえで、状況と債務者の対応に応じて、適切な方法を選択し、その過程が適切に記録に残るように考えつつ債権回収を進めるようにしてください。

●特定記録郵便　平成21年３月１日から実施されている郵便制度です。日本郵便が引受けを記録してくれるので、郵便物等を差し出した記録を残したいときにおすすめです。インターネット上で配達状況を確認することもできます。

●書留　引受けから配達までの郵便物等の送達過程を記録してくれます。万一、郵便物等が壊れたり、届かなかったりした場合に、原則として差出しの際に申出のあった損害要償額の範囲内で、実損額を日本郵便が賠償してくれます。日曜祝日も配達してくれます。書留の受領証に記載されている引受番号から、郵便追跡システムのオンラインネットワークで、配達状況を確認できます。

●葉書やFAX　葉書やFAXも功を奏する場合があります。大きな文字で「督促状」などと記載すれば、功を奏する場合があります。飲食業を営んでいる債務者に対して毎日朝・昼・晩とFAXを送り続けて、最終的に100万円くらいの債権を回収したことがあります。最初の頃は債務者も無視していましたが、毎日毎日「督促状」と書かれたFAXが送られてくるので、体面を気にしなければならない飲食業を営む債務者は早期に対応を講じなければ、というプレッシャーを受けていきます。この場合には、段階的に、文字の大きさや、文章の内容や表現を強めていくことで、債務者にプレッシャーを与え続けて最終的に債権回収に結び付けていくという工夫が必要です。ただし、やり過ぎると相手のプライバシーや名誉権を侵害してしまう場合がありますので注意が必要です。

●内容証明のしくみ　いつ誰から誰あてにどのような内容の文書が送付されたかを日本郵便が証明してくれるものです。内容文書１通に謄本２通を添えて郵便窓口に提出します。内容文書・謄本とも、用紙の大きさ、記載用具は問われないし、通常は原本を１通つくり２通のコピーを用意します。字数・行数は１行20字以内、１枚26行以内で作成する必要があります（横書きの場合は、１行13字以内、１枚40行以内または１行26字以内、１枚20行以内で作成することができます）。

［図3―8］　通知書を送る際のポイント

通知書を送付する際のポイント

① 書面の形式と内容が相手方に与える影響を予測しながら通知書を作成する。

② 書面の形式と文章の体裁を検討する。

③ 段階的にプレッシャーをかける。

9. 支払督促を利用する

債権者から通知書を送付しても、支払いをしない債務者に対しては、支払督促の申立てを検討します。

支払督促は、金銭、有価証券、その他の代替物の給付に係る請求について、債権者の申立てにより、その主張から請求に理由があると認められる場合に、支払督促を発する手続です。もし債務者が2週間以内に異議の申立てをしなければ、裁判所は、債権者の申立てにより、支払督促に仮執行宣言を付さなければならず、債権者はこれに基づいて強制執行の申立てをすることができます。

支払督促は相手の住所地を管轄する簡易裁判所の裁判官に申立てをして行いますが、弁護士に依頼しなくても、簡易裁判所の窓口に行けば、裁判所の職員がていねいに支払督促の申立書の書き方などを教えてくれます。

また、支払督促の手数料は通常訴訟の場合の半額程度なので、安い費用で申立てができる点にもメリットがあります。

さらに、審理も基本的に書類審査だけですので、訴訟の場合のように審理のために裁判所に足を運ばなければならないということもありません。

債権者の主張に矛盾するところがなく、ある程度筋が通っている主張であれば、債務者の主張を聞くことなく支払督促命令が発令されるのが支払督促のメリットです。

ただ、債務者が支払督促に対して異議を申し立てると、地方裁判所または簡易裁判所の通常の民事訴訟手続に移行してしまうので、その場合には通常の訴訟と同じように腰を据えて対応を進めなければなりません。

支払督促の申立てを行う目的としては、①債務名義を取得して債権の効力を強める（強制執行可能な債権にする）、②支払督促に関する連絡は裁判所から裁判所の封筒で相手方に送達されるので、こちらが本気であることを示し、債務者に対してプレッシャーを与えることが想定されます。証拠は必要とされないので、債権者側の主張だけで、債務名義を取得して、強制執行が可能な状況をつくりだすことができます。

また、支払督促の申立てをすると、債務者のもとには裁判所の封筒に入った書類が届きます。何度も支払督促や裁判を受けているにもかかわらず、それを無視し続けているような債務者であればともかく、たいていの債務者は裁判所の封筒が届くと、それだけでも相当の心理的プレッシャーを受けるものです。繰り返し請求をし続けて、通知書も何通か送付しているにもかかわらず、無視され続けてきた債務者に対して、支払督促の申立てを行ったところ、すぐに債務者から「○○日に支払いますので……」という連絡がきて債権が回収できたことが何度もあります。債権回収の基本は段階的にプレッシャーを強めていくことですので、請求書や通知書で功を奏しなかった債務者に対しては、効果が期待できます。

とにかく簡単かつ迅速に進めることができ、かつ債権の効力を強めることができる手続なので、ためらうことなく支払督促の活用を検討してください。

［図３―９］　支払督促を活用する

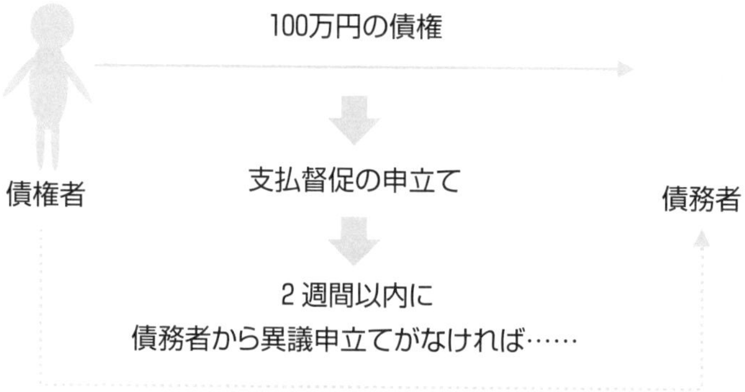

債権者

100万円の債権

支払督促の申立て

債務者

2週間以内に
債務者から異議申立てがなければ……

仮執行宣言付　支払督促

① 強制執行が可能な債権にする。
② 裁判所の威を借りてプレッシャーを強める。
③ 債権者の本気度を伝える。

10. 少額訴訟を利用する

債権回収の場面で裁判所を介して行う方法の1つとして、少額訴訟手続があります。少額訴訟手続とは、60万円以下の金銭の支払いを求める訴えについて、原則として1回の審理で紛争を解決する特別の手続です。

少額訴訟手続は、市民間の規模の小さな紛争を少ない時間と費用で迅速に解決することを目的としてつくられた手続です。60万円以下の金銭の支払いを求める訴訟を起こすときに、原告がそのことを希望し、相手である被告がそれに異議を言わない場合に審理が進められます。対象は金銭債権に限られます。ですので「契約どおりに物を完成させろ」といった物の引渡しを求める事件の解決には利用することができません。

少額訴訟手続の審理では、最初の期日までに、自分のすべての言い分と証拠を裁判所に提出することが必要とされています。また、提出できる証拠は、最初の期日にすぐ調べることができるものに制限されています。ですから、紛争の内容が複雑であったり、調べる証人が多く1回の審理で終わらないことが予想される事件などは、裁判所の判断で通常の手続により審理される場合があります。

少額訴訟手続でも、話合いで解決したいときには、和解という方法があります。話合いによる解決の見込みがない場合には、原則として、その日のうちに判決の言渡しをすることになっています。少額訴訟の判決は、通常の民事裁判のように、原告の言い分を認めるかどうかを判断するだけではなく、一定の条件のもとに分割払い、支払猶予、訴え提起後の遅延損害金の支払免除などを命ずることができます。

少額訴訟手続の判決に対しては、同じ簡易裁判所に異議の申立てをすることができますが、地方裁判所に控訴をすることはできません。なお、少額訴訟手続の利用回数は、１人が同じ裁判所に年間10回までと制限されています。

少額訴訟手続の最大のメリットは、原則として１回の審理で判決が出るという手続のスピードです。また、裁判所に申立てを行うのですが、弁護士に依頼しなくても簡単に訴えを起こすことができます。

ただ、何人もの証人から話を聞かなければならなかったり、鑑定や現場検証を行う必要があったりする複雑な事件では少額訴訟を用いての解決は困難です。

判決書または和解の内容が記載された和解調書に基づき、強制執行を申し立てることができます（少額訴訟の判決や和解調書等については、判決等をした簡易裁判所においても金銭債権（給料、預金等）に対する強制執行（少額訴訟債権執行）を申し立てることができます）。

少額訴訟判決に対する不服申立ては、異議の申立てに限られます。通常の訴訟であれば、不服がある当事者は上級の裁判所に控訴という不服申立てをすることができます。控訴されると、場合によっては数カ月とか、長引けば1年以上の時間がかかりますが、少額訴訟手続では不服申立てが認められていないのが、大きなメリットだといえます。とにかく迅速に訴訟の結果がでるのです。

債権回収の現場では、判決で白黒をつけることが目的ではありません。1円でも多くの債権を、1秒でも早く回収することに尽きるのです。そのために少額訴訟手続は迅速に訴訟の結果がでる点で債権回収のスピードをあげ、債権回収の実効性を高めることが可能になる手続です。

［図3―10］　少額訴訟を利用する

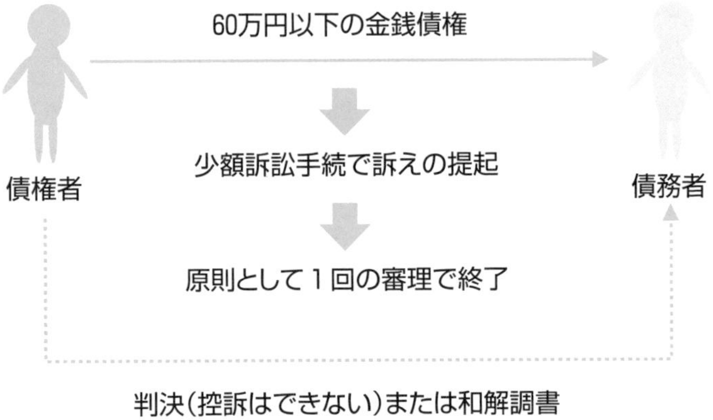

60万円以下の金銭債権

債権者

少額訴訟手続で訴えの提起

債務者

原則として1回の審理で終了

判決（控訴はできない）または和解調書

① 強制執行が可能な債権にする。
② 裁判所の威を借りてプレッシャーを強める。
③ 債権者の本気度を伝える。

11. 民事調停を利用する

債権回収の方法の１つに民事調停の利用があります。民事調停は裁判官のほかに一般市民から選ばれた調停委員が関与し、法律を基本としながらも、実情に即した柔軟な解決を図ることができる制度です。訴訟手続に比べて、手続が簡単で、低額な費用で進めることができます。非公開の手続なので、秘密を守りながら進めることができます。

調停で話合いがまとまると合意した内容が調停調書に記載されます。調停調書は確定判決と同様の効力をもちます。そのため、これに基づき強制執行を申し立てることもできるようになります。

調停は、訴訟手続のように手続が厳格ではないため、誰でも簡単に利用できます。当事者は法律的な制約にとらわれず自由に言い分を述べることができるという利点があります。

民事調停では、金銭の貸借や物の売買をめぐる紛争、交通事故をめぐる紛争、借地借家をめぐる紛争、農地の利用関係をめぐる紛争、公害や日照の阻害をめぐる紛争等さまざまな紛争について話し合うことができます。また、医事関係、建築関係、賃料の増減、騒音・悪臭等の近隣公害などの解決のために専門的な知識経験を要する事件についても、話し合うことができ、それらの事件では、医師、建築士、不動産鑑定士等の専門家の調停委員に関与してもらえることもあります。

実際に債権回収の手段として調停手続を選択することがあります。取引先との関係を悪化させたくないとか、取引先と債権回収をめぐってもめていることを公にしたくないとか、話合いを進めたいけれど当事者間だけでは解決にたどりつけそうにないといったような場合に、調停手続を選択して進めていきます。

［図3－11］ 民事調停を利用する

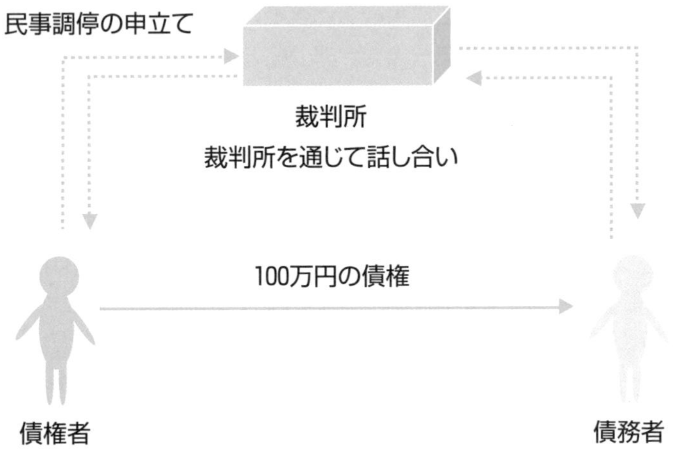

12. 通常訴訟を利用する

これまで支払督促、少額訴訟、民事調停について説明してきました。それ以外にも、通常訴訟を利用するという方法もあります。

通常訴訟は、個人の間の法的な紛争、主として財産権に関する紛争の解決を求める訴訟です。たとえば、貸金の返還、不動産の明渡し、人身損害に対する損害賠償を求める訴えなどです。

通常訴訟では民事訴訟法に従って審理が行われます。債権の金額によって、訴えを提起する裁判所を変える必要があります。①60万円以下は簡易裁判所で少額訴訟を、②60万円〜140万円までは簡易裁判所で通常訴訟を、③140万円を超える場合には地方裁判所で通常訴訟を行います。

債権の発生や債権の存在に争いがある場合には、通常訴訟で白黒はっきりつけなければなりません。通常訴訟を利用することで、完全決着をつけることができます。

ただ、前述したとおり、債権回収の現場では、通常訴訟は最後の手段と考えてください。債権回収はスピードが命です。債権回収は鮮度が命です。しかし、通常訴訟は時間がかかりすぎるので、おすすめできません。過去に通常訴訟を経験した人は、実感として理解できると思いますが、とにかく時間がかかります。訴えを提起して、第１回口頭弁論期日が開催されるまでに、１カ月から１カ月半の時間がかかります。ようやく第１回口頭弁論期日が開催されたとしても、第２回口頭弁論期日までに約１カ月、その次の第３回口頭弁論期日までにまた約１カ月……ということが続き、時間だけがどんどんと過ぎていきます。

時間をかけて苦労して、ようやく判決がでたとしても、相手が判決内容に不服があれば、控訴といって上級の裁判所に対して不服申立ての手続を行うことができます。この不服申立てはいわば第２ラウンドという位置づけです。控訴審の第１回口頭弁論期日が開催されるまでに、２カ月くらいの時間がかかって、第１回口頭弁論期日で終わらなければ、第２回口頭弁論期日までに約１カ月、その次の第３回口頭弁論期日までにさらにまた１カ月……といった形で進行していくことになります。スピードが命の債権回収の現場にもかかわらず、あっという間に１年、２年と時間が過ぎていくということも珍しくありません。そして、このように時間をかけて訴訟をしている間に、債務者が逃げてしまったり、倒産してしまったりすることもあります。

ですので、債権回収の現場で通常訴訟の利用を検討できるのは、①時間をかけることができる場合、②裁判コストをかけても費用倒れにならない場合に限られてきます。

あくまで、裁判に勝つことと、債権を回収することは別のことであると認識していただきたいと思います。

［図3―12］ 通常訴訟を利用する

100万円の金銭債権

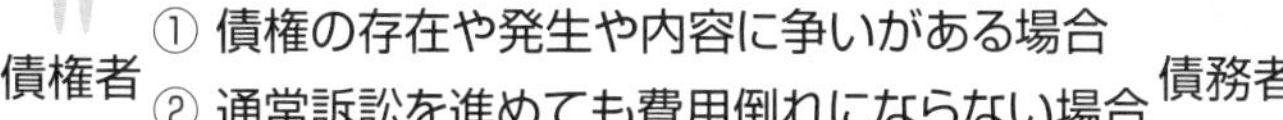

通常訴訟

判決または和解調書

① 強制執行が可能な債権にする。
② 裁判所の威を借りてプレッシャーを強める。
③ 当事者間の争いに白黒つける。
④ 債権者の本気度を伝える。

13. 財産の散逸を防ぐために保全手続の活用を

債権の発生や債権の存在に争いがある場合には、通常訴訟で進めざるを得ないのですが、その場合には、腰を据えて進める必要があります。ただ腰を据えて進めるだけでは、長い時間かけて通常訴訟で債権の発生や存在が認められたとしても、債務者の財産が散逸してなくなってしまっていては、強制執行しようとしても意味がありません。そこで、債務者の財産の現状を凍結して、財産の散逸を防ぐための方策を講じる必要があります。

債務者が自分の財産を隠したり、処分したりできないようにする保全手続という制度があります。この制度を利用して債務者の財産を凍結し、腰を据えて債権回収ができる状況をつくりだすのです。

保全手続は大きく「仮差押え」と「仮処分」に分かれます。「仮差押え」は金銭の支払いを目的とする債権（金銭債権）のための保全手続で、「仮処分」は金銭以外の権利を保全するための保全手続です。

① 仮差押え

まず「仮差押え」についてです。たとえば、AがBに100万円を貸しているとします。Bは、返済期限が過ぎても払おうとはしません。そこで、AはBに対して貸金返還請求訴訟を起こすことを決めました。しかし、Bには自宅のほかにはめぼしい財産がありません。もし、Bが自宅を誰かに売って（処分して）しまったら、Aは裁判で勝っても100万円を返してもらうことはできなくなります。

そこで、Aは、自宅を処分できないように、裁判所に申立てを行い、唯一の財産である自宅の処分を禁止してもらう必要があります。このようなときに利用できるのが「仮差押え」です。仮差押えをする際には、かりに差し押さえようとする財産を明示し、保全されるべき債権者の権利と保全の必要性を記載した申立書を作成して、これらの事実を疎明する資料を添付して、裁判所に提出します。通常は、当日または数日内に裁判官との面接などがあり、財産を保全する必要性があるかどうかの判断がなされます。裁判所が仮差押えの命令を出すことになると、裁判所から保証金の額（仮差押えをしようとする対象財産の10%～30%程度）を提示されるので、この金額を法務局に供託します。そして、供託書とその写しを持って裁判所の窓口に行くと、仮差押命令を出してくれますので、この命令書を持って裁判所の執行官室に行くという流れになります。

② 仮処分

次に「仮処分」についてですが、「仮処分」は、①「係争物に関する仮処分」と②「仮の地位を定める仮処分」に分かれます。「係争物に関する仮処分」は現状の維持を命ずるための手続で、「仮の地位を定める仮処分」は係争中に生じている損害から債権者を保護するための手続です。さらに「係争物に関する仮処分」は、「占有移転禁止の仮処分」と「処分禁止の仮処分」の2つに分かれます。

「係争物に関する仮処分」は、次のような場合に利用を検討します。

たとえば、AがBに部屋を貸しました。Bは、家賃を滞納し続け、Aの催促を無視し続けています。そこで、Aは、Bに対して建物の明渡しを求める訴訟を起こすことにしました。Aは、裁判に勝訴して、Bに対して部屋の明渡しの強制執行をしようとしましたが、Bが、裁判中に部屋を第三者に貸してしまうと、AはBに対しては、強制執行はできなくなってしまうという問題が生じます。

このような事態を防ぐために、Aは裁判を起こす前に、部屋をBが第三者に引き渡さないようにしておかなければなりません。このようなときに利用できるのが「係争物に関する仮処分」です。

「仮の地位を定める仮処分」は、次のような場合に利用を検討します。

たとえば、Bの経営している会社で、従業員のAが、Bから不当解雇されました。Aは、会社に対し解雇が無効であることを確認するための訴訟を起こしました。しかし、当然のことながら裁判期間中、Aに対しては賃金が支払われないので、Aとしては何とか生活を維持するための手段を講じようと考えます。そこで、裁判で決着がつくまでの間、会社に従業員の地位を認めさせて、賃金をもらえるようにしておくことが必要です。このようなときに利用できるのが「仮の地位を定める仮処分」です。

それぞれの手続の具体的なイメージはご理解いただけたので

はないかと思います。ただ、実際に裁判所に申立てを行う際には、専門的な知識と経験が必要になるので、弁護士に相談しながら進めていく必要があります。

[図3－13] 仮差押えで債務者の資産を凍結する

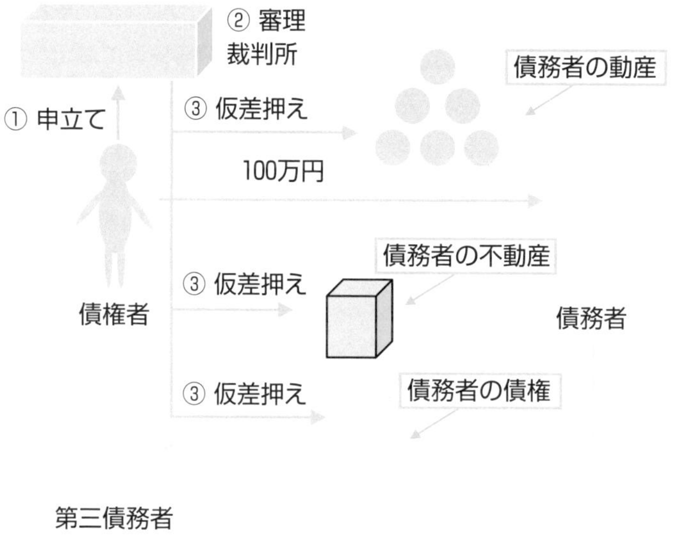

14. 判決をもらったら強制執行？

(1) 債務名義を取得したら強制執行を検討する

強制執行とは、債務名義に表された私法上の請求権の実現に向けて国が権力（強制力）を発動し、真実の債権者に満足を得させることを目的とした法律上の制度のことです。

債務者が保有する財産を処分して債権者が配当を得るために、国が実力行使をしてくれる手続です。裁判所の管理のもとで、債務者が保有している不動産を競売にかけたり、債務者が保有している動産を売却したり、債務者が第三債務者に対して保有している債権を差し押さえたりして換金します。国に力を借りて債権回収を図ることができるのです。

強制執行を行うにあたっては、まずは債務名義が必要になります。債務名義がなければ、国が強制執行という形で債権回収を援助してくれることはありません。

債務名義は、強制執行によって実現される債権が存在することを公に証明する文書のことです。そして、債務名義によって強制執行をする場合には、さらに執行文を付与してもらうことが必要になります。その債務名義によって強制執行してよいという国のお墨付きが必要なのです。これが執行文です。公正証書の場合には公証人が、判決等の場合には裁判所書記官が申立てによって付与してくれます。執行文付きの債務名義があれば「国が強制執行してもよい」と認めてくれたことになります。

債務名義については、すでに「将来の強制執行に備えよう」（第２章18.）の項目で説明しましたが、債務名義になるものとしては、以下のものがあります。

① 確定判決

たとえば「100万円を支払え。」または「○○の建物を明け渡せ。」などと命じている判決で、上級の裁判所によって取り消される余地のなくなった判決をいいます。

② 仮執行宣言付判決

③ 仮執行宣言付支払督促

（「この判決は仮に執行することができる。」などという判決主文）が付された給付判決は、確定しなくても執行することができます。

④ 公正証書（強制執行認諾文言があるもの）

⑤ 請求認諾調書（訴訟中に被告が請求を認めた場合）

⑥ 和解調書（即決和解・裁判上の和解）

⑦ 調停調書

これらの債務名義のいずれかがあれば、債権者は債務者の財産に対して強制執行を行っていくことが可能になります。

⑵ 不動産執行手続

債務者がどのような財産を持っているかに応じて、債務者のどの財産に対して強制執行手続を進めていくかを検討しなければなりません。

もし、債務者が自宅やマンションや本社社屋や工場などの不動産を所有していて、債権者が債務名義を保有している場合には、債務者の所有不動産に対する強制執行を検討し、不動産執行手続を進めます。不動産執行手続については、［図3—14—1］（不動産執行手続）をご覧ください。①〜⑨の順番で手続が進んでいき、最終的に債権者は⑨の配当という形で債権回収を実現することができます。

［図3—14—1］ 不動産執行手続

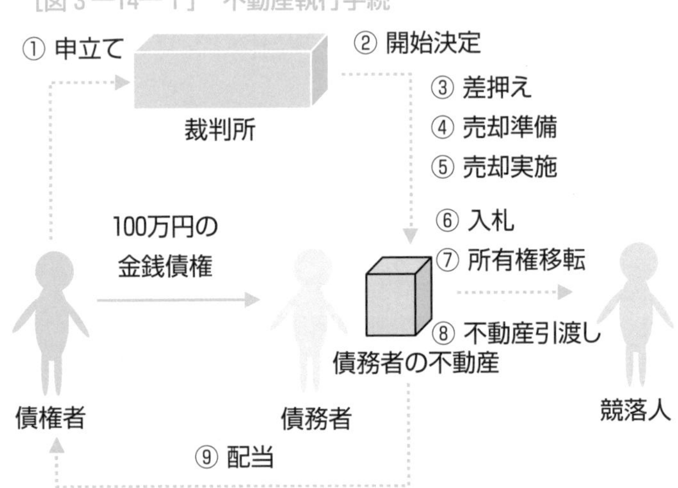

(3) 動産執行手続

次に、債務者が所有している動産に対して強制執行手続を行うことを検討していきます。動産執行手続については、［図3—14—2］（動産執行手続）をご覧ください。①〜⑨の順番で手続が進んでいき、最終的に債権者は⑨の配当という形で債権回収を実現することができます。

［図３―14―２］ 動産執行手続

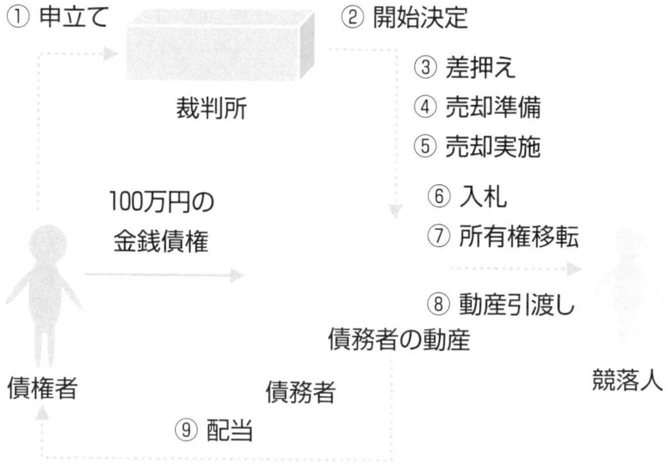

① 申立て

② 開始決定

③ 差押え

④ 売却準備

⑤ 売却実施

裁判所

100万円の
金銭債権

⑥ 入札

⑦ 所有権移転

⑧ 動産引渡し

債務者の動産

債権者

債務者

競落人

⑨ 配当

⑷ 債権執行手続

さらに、債務者が第三者に対して有している債権の強制執行を検討していきます。債権執行手続については、［図３―14―３］（債権執行手続）をご覧ください。①〜④の順番で手続が進んでいき、最終的に債権者は④の取立てによって債権回収を実現することができます。

［図3―14―3］　債権執行手続

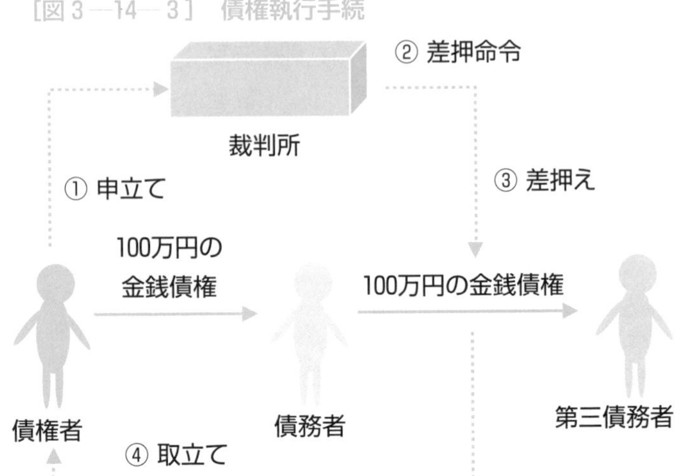

15. 債務者が倒産したら？①——どの手続？ 誰を相手に？

(1) 債務者が倒産しても諦めない！

債務者が倒産した場合でも諦めないでください。「先生、債務者が倒産してしまいました。債務者が倒産してしまった以上、もう債権の回収は諦めなければなりませんよね……」という相談を受けることがあります。倒産というと、回収の見込みゼロのようなイメージでもつと思いますが、締めてしまうと、それで終わりです。最後の最後まで粘り強く、簡単には諦めないという姿勢で進めることで何か回収できるかもしれません。ですので、債務者が倒産したという第一報が入ったとしても、まずは諦めずに、その時々の判断に従って何とか１円でも多く回収するという姿勢で対応を進めてみてください。

債務者が倒産した場合の債権回収の場面においては、①簡単には諦めないといった倒産時の債権回収の心がまえを正しくもつこと、②正確な情報を集めること、③倒産手続の全体像を確認することと、④交渉の窓口を間違わないことが大切です。

(2) 正確な情報を集めること

まずは、正確な情報を集めるようにしてください。以前にも説明しましたが、倒産時はさまざまな憶測が飛び交い、不確かな情報が流れてきます。そのような情報の中から、まずは正確な情報を取捨選別したり、確認したりといった心がまえが重要になります。

取得すべき情報としては、①債務者はどのような手続に入ったのか、②債務者の営業はどうなっているのか、③自社の債権や債務の額と内容はどうなっているのか、④自社が納品した商品や担保権の存在はどうなっているのか、⑤動産担保をとっている場合には自社が担保にとっている動産は保全されているのか、⑥代表者と連絡はとれるのかといった観点から確認していくことが必要になります。このように正確な情報を確認することが、倒産時の債権回収の第一歩と考えてください。

このような情報は、債務者や債務者の代理人から送付されてきた書面からわかる場合もありますし、債務者や債務者の代理人に電話で問い合わせてわかる場合もあります。ただ、重要なことはとにかく債務者の住所や会社や工場にすぐ行くことです。まずはとにかく直接債務者のもとを訪問して、債務者の情報を債権者自身の目で確認するという姿勢が大切です。

⑶ 倒産手続の全体像を把握すること

上記⑵①の「債務者はどのような手続に入ったのか」に関連しますが、いちがいに倒産手続といっても、実際には、［図3―15―2］（倒産手続の概要）のとおり多くの手続があります。大きくは裁判所に申立てを行わないで進める「私的整理」と裁判所に申立てを行って進める「法的整理」に分かれます。私的整理と法的整理の最大の違いは裁判所の管理監督の有無です。

［図３―15―１］　倒産時の債権回収の確認事項

100万円

倒産手続

債権者

債務者

まずは正確な情報の収集に努める！

① 債務者はどのような手続に入ったのか
② 債務者の営業はどうなっているのか
③ 自社の債権や債務の額と内容はどうなっているのか
④ 自社が納品した商品や担保権の存在はどうなっているのか
⑤ 動産担保をとっている場合には自社が担保にとっている動産は保全されているのか
⑥ 代表者と連絡はとれるのか

法的整理は裁判所の監督のもとで進められる厳格な手続です。当然にそれぞれの手続も法律によってしっかりと定められているので、債権回収に際しても各種倒産手続に関する法律を遵守して、その枠組みの中で進めていかなければなりません。これに対して、私的整理は裁判所の監督がないところで進められる手続です。そのため、手続が法律で定められているわけではないので、債権回収に際しても一般的な法律の定めを守りながら進めていけば足り、各種倒産手続に関する法律を遵守して進めるといった観点は必要ありません。

そして、私的整理と法的整理の中も、それぞれ「再建型」と「清算型」の手続に分かれます。再建型は文字通り、債権者の同意や、法的整理の場合には裁判所の許可を得て負債の一部をカットしてもらったうえで、一定額の返済を行う計画を立てて、その計画に基づいた返済を進めていく手続です。これに対し、清算型手続の場合には、事業や法人を解体または解散したうえで、資産を換価して、その中から債権者への返済を行っていく手続です。基本的に、再建型は事業や法人の存続を前提にするので、再建型のほうが最終的に債権者に支払われる金額が大きくなるといえます。他方で、清算型の場合には今後の事業や法人の存続は予定していないので、現在の清算価格に基づいた返済が行われることになるため、再建型の手続に比べて債権者に支払われる金額は少なくなるのが一般といえます。

このように、いちがいに倒産手続といっても、その特徴はさまざまですので、まずは債務者が進めているのが倒産手続の中のどのような手続なのかを確認することが、大切です。

本書では、すべての倒産手続における債権回収の説明はしませんが、清算型の代表である破産手続と再生型の代表である民事再生手続について、あとで説明します。

(4) 交渉の窓口を間違わないこと

そして、債務者が現在進めているのがどのような手続かを確認したうえで、次に重要なのは、倒産手続の登場人物を把握するということです。債務者が進めているのがどのような手続かによって、登場人物が変わってきます。

［図3—15—2］倒産手続の概要

たとえば、破産手続では、債務者が従前有していた財産の管理処分権限が、破産手続開始決定後には破産管財人に専属することになります（破産法78条）。破産者は、破産手続開始決定後は、破産者が従前保有していた財産の管理処分権限を失うことになるわけです。そのため、破産管財人が就任している場合には、以後の交渉は破産管財人と行わなければならなくなります。

債権回収は時間との戦いです。その際に交渉や問合せの窓口でたらい回しにされることを防ぎ、時間を節約する意味でも、交渉の窓口を正確に把握することは非常に大切な視点になってきます。［図3—15—3］（倒産手続の交渉の窓口）をまとめましたので、ご確認ください。

[図3―15―3]　倒産手続の交渉窓口

（時間の流れ）

	平常時	弁護士受任時	手続開始後
1　私的整理ガイドライン	債務者	債務者 債務者の代理人弁護士	債務者 債務者の代理人弁護士
2　再建型私的整理	債務者	債務者 債務者の代理人弁護士	債務者 債務者の代理人弁護士
3　清算型私的整理	債務者	債務者 債務者の代理人弁護士	債務者 債務者の代理人弁護士
4　会社更生	債務者	債務者 債務者の代理人弁護士	更生管財人
5　民事再生	債務者	債務者 債務者の代理人弁護士	債務者 債務者の代理人弁護士
6　破産	債務者	債務者 債務者の代理人弁護士	1．同時廃止手続の場合 債務者（破産者） 債務者の代理人弁護士 2．管財手続の場合 破産管財人
7　特別清算	債務者	債務者 債務者の代理人弁護士	清算人 清算人代理人弁護士

16. 債務者が倒産したら？②——破産手続の場合

(1) 破産手続の場合

具体的な倒産手続に沿った債権回収の方法を説明します。まずは、清算型手続の代表格の破産手続についてです。

破産手続は、裁判所が破産手続開始の決定をし、破産管財人を選任して、その破産管財人が債務者の財産を金銭に換えて債権者に配当する手続です。通常は、破産手続開始決定がされた日における債務者のすべての財産を提出してもらい配当することになります。破産手続開始決定がされても、従来の債務について、当然に返済を免れるのではありません。

債務者が破産手続開始の申立てを行った後は、破産法の規定に従って、その後の手続が進んでいきます。そのため、債権者は破産法の規定に従った債権回収を進めていかなければならなくなります。

債務者が破産手続開始の申立てを行った後、裁判所が破産手続として進めていくことに問題がないということになると、破産手続開始決定がだされます。破産手続開始決定がだされるのと同時に、破産管財人が選任されます。破産管財人は裁判所の破産管財人候補者リストに掲載されている弁護士の中から選任されるのが一般的です。

なお、債務者に資力がなく、破産手続を進めるうえでの費用を用意することすらできないような場合で、破産手続に際して特段の調査を行う必要もないような場合には、例外的に、破産管財人が選任されないで破産手続が進行する場合もあります。このような手続の場合には、破産手続開始決定と破産手続終結決定もなされるので、債権回収もできなくなってしまいます。破産手続の開始と同時に破産手続が終結してしまうので、同時廃止といわれます。

ですので、破産手続の中で債権回収ができる可能性があるのは、同時廃止手続ではなく、破産管財人が選任される破産管財手続ということになります。

なお、破産手続開始決定の効果として、破産者の財産のいっさいの管理処分権限が破産管財人に専属します。そのため、債権回収交渉の相手も、「取引先・取引先が一任した弁護士」から「破産管財人」に変更になります。

破産手続開始決定の効果として、別除権（担保権）・すでに相殺適状にある相殺権・取戻権の行使を除き、個別的な権利行使が禁止されます。相殺適状にあるためには、①両債権が同種の目的を有するものであること、②自働債権が弁済期にあること、③相殺を禁止されないものであることが必要です。

(2) 債権届出をして配当を受領する

破産手続に限りませんが、取引先が法的整理手続に進んだ場合には、債権者は、裁判所が定める債権届出期間内に債権届出

[図3―16―1]　破産手続

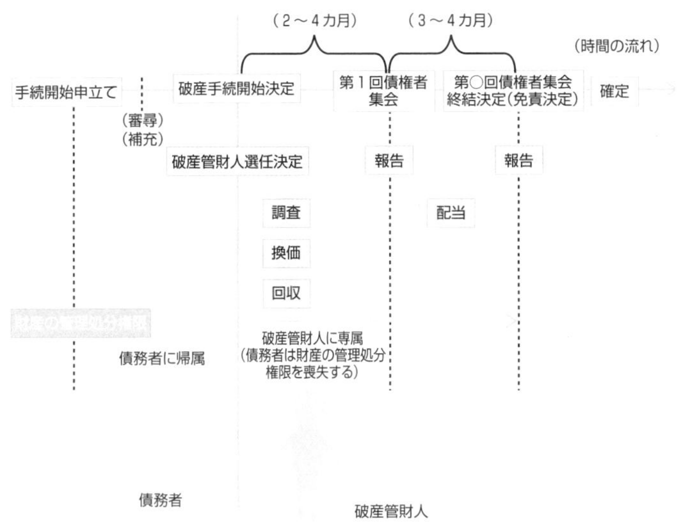

書を提出しなければなりません。この債権届出書に記載された内容に従って、将来、配当される可能性があります。そのため、債権届出書を正確に記載することが重要です。債権届出書は、債務者が破産手続開始の申立てをして、裁判所が破産手続開始決定をすると、裁判所から各債権者あてに送付されてきます。まずは、債権届出期間を確認してください。そして、債権届出書に債権者の債権額と内容を正確に記載して、添付資料をつけて、債権届出期間内に裁判所に提出することが必要になります。

(3)　相殺権を行使して回収する

　次に、債権者が債務者に対して相殺する債権を有している場合には、確実に相殺の意思表示を行う必要があります。相殺する場合の注意点はあて先を間違わないようにすることです。破産手続開始決定前は、債務者または債務者の代理人弁護士あてですが、破産手続開始決定後は破産管財人あてになります。破産手続の場合には、債権届出期間満了前に相殺をしなければならないという時間的な制限はありませんが、破産管財人には催告権があるので（破産法73条）、破産管財人から相殺するか否かの催告を受けたにもかかわらず、それを無視してしまっていると、催告期間経過後は相殺することができなくなってしまうので、注意が必要です（破産法73条２項）。

(4)　担保権を行使して回収する

さらに、債権者が債務者に対して担保権を有している場合には、担保権の実行手続を行う必要があります。破産手続の中で担保権は「別除権」として扱われます。別除権を有している債権者は、破産手続とは「別に」債権の回収を図っていくことが可能になります。たとえば、不動産に抵当権を設定している債権者は、不動産の競売を申し立てたり、破産管財人が不動産の任意売却を進めた取得代金の中から金銭の回収を図ったりしていくことが可能になります。

あわせて、破産手続とは別に別除権者も一般債権者と同様に配当手続に参加して配当を受けることもできます。ですので、前提として、一般債権者と同様に債権届出書を提出しておく必要があります。

(5)　取戻権を行使して回収する

加えて、債権者の所有財産が債務者の財産の中に混在しているような場合には、取戻権を行使して債務者から債権者の所有財産の返還を求めます。たとえば、債権者が債務者に商品を売却したものの、債権者と債務者との間の契約で、債務者が債権者に対して商品の代金の全額を支払わない限りは、債権者から債務者に対して商品の所有権は移転しないという合意をしている場合があります。このような場合に、債務者が商品の代金の全額を支払わないうちに、債務者の破産手続開始決定がでたような場合を考えてみてください。

このような場合には、債権者は債務者の破産管財人に対して、「一見、債務者の財産のようにみえるかもしれないけれど、自分の商品が紛れているから返還してほしい」と申入れをして商品の返還を要求していくことができます。このような権利を取戻権といい、破産法上も規定がされています（破産法63条等）。

［図３―16―２］　破産手続における債権回収

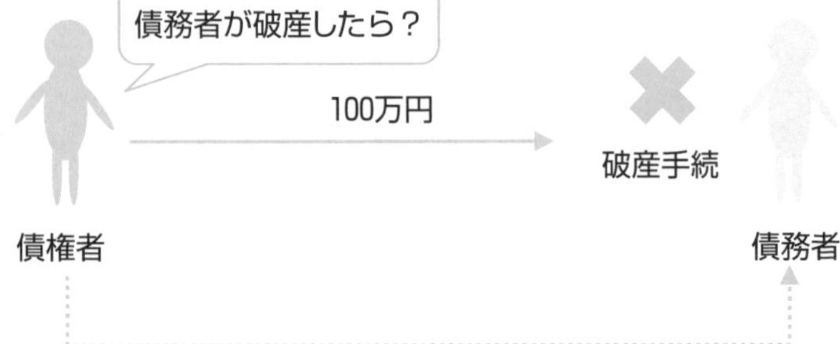

破産手続における債権回収

① 債権届出をして配当を受領する。
② （相殺が可能な場合）相殺をして回収する。
③ （担保権を有している場合）担保権を行使して回収する。
④ （債権者の財産が混在している場合）取戻権を行使して回収する。

17. 債務者が倒産したら？③――民事再生手続の場合

(1) 民事再生手続の場合

民事再生手続の場合でも、債権届出期間内に債権届出書を提出しなければならないこと、債務者との間で相殺できる場合には相殺しなければならないこと、担保権を有している場合には担保権を実行できることは破産手続の場合と同様です。

民事再生手続は「再建型」の手続ですので、「清算型」の破産手続とは異なる注意点があります。破産手続の場合には配当がされない場合がありますが、民事再生手続の場合には弁済が予定されています。債務者が法人の場合には、民事再生手続の申立てが行われた後も、債務者は事業を継続するのが手続の基本的な特徴です。そのため、債務者が民事再生手続の申立てを行った後も、債務者と取引を継続するか、継続するとしてどのような取引条件で取引を行うか、もしくは取引を終了するかを決定しなければなりません。

また、民事再生手続が開始された後も、原則として、事業は継続し、債務者を監督する監督委員が選任されますが、経営者は交代しません。しかし、例外的に管財人が選任された場合には、経営者は、自ら事業を継続することはできなくなります。このほか、この手続では、債務者自ら債権者への説明会を開くほか財産状況や再建の見込みなどの情報を積極的に提供するなど債権者にとって、手続が公正で透明なものとなっている点などの特徴があります。

このような中で特に重要なのは、債権者説明会への出席です。通常は民事再生手続開始の申立てを行った後１週間以内に開催されます。よくクライアントから「債権者説明会の案内が届いたのだけど出席したほうがよいのですか」と尋ねられることがあります。民事再生手続の債権者説明会には必ず出席したほうがよいと思います。

債権者説明会では、債務者が民事再生手続開始の申立てを行うに至った事情、債務者の現状、今後の方針、今後のスケジュールなどについて資料が配布されたうえで、口頭の説明がなされます。

また、通常は質疑応答の時間があるので、債務者に疑問点を直接質問することもできます。直接質問しなくても、他の債権者からの質問や、その質問に対する答弁を聞くだけでも、債権回収の方向性を決定するに際して大きな手がかりを得られることも少なくありません。民事再生手続の中でどのように債権回収を図るかを検討するためには、債務者から提供される情報がすべてです。債権者説明会は債務者と債権回収に関する情報の宝庫なので、積極的に情報収集を心掛けていただきたいと思います。

債権者説明会の中で重要なのは、債務者にスポンサーがつくか否かです。スポンサーがつく場合には、民事再生手続の中での弁済額も増加する可能性があります。どのような再生計画案になるかによって違いはありますが、一般的にスポンサーがつく場合には、スポンサーが資金を援助してくれ、それが再生債権者への弁済原資になる場合が多いからです。債権者説明会の説明で債務者にスポンサーがついていないことがわかった場合には、今後の取引を打ち切ったり、取引をするにしても、現金取引にしたり、現金取引では支払いが困難な場合には、支払いサイトを短くしたりと、さまざまな対応を講じていかなければなりません。

なお、民事再生手続開始決定の効果として、取引先の管理処分権限が第三者に移ることはありません。そのため、債権回収交渉の相手は「取引先・取引先が一任した弁護士」のままです。弁済禁止の保全処分によって、別除権（担保権）・すでに相殺適状にある相殺権・取戻権（所有権）の行使を除き、個別的な権利行使は禁止されます。倒産した場合には個別の権利行使が禁止されます。そのことを覚えておいてください。ただし、別除権（担保権）・すでに相殺適状にある相殺権・取戻権（所有権）の行使は例外です。

⑵　債権届出をして配当を受領する

まず、債権届出期間内に債権届出書を送付する必要があります。債権届出期間を徒過した後に債権届出書を送付しても、債権届出としての効果が認められずに、配当から除外されてしまいます。

⑶　相殺権を行使して回収する

次に、相殺権の行使には制限があります。それは、債権者が相殺できる期間が「債権届出期間内」に限定されているということです（民事再生法92条）。債権届出期間内に相殺通知を債務者に送付する必要があります。相殺は最強の債権回収手段ですが、民事再生手続の中で、債権届出期間を徒過してしまって、債権回収ができなかった例を何件かみています。

また、「債務者に対して口頭で伝えたのですが、大丈夫でしょうか」と相談されることがありますが、いつ、どのような内容で相殺の意思表示をしたかが重要になってくるので、文書で送付することが望ましいといえます。いつ、どのような内容の書面を送付したかが重要になるので、配達証明付内容証明郵便で送付する必要があります。実務上も相殺の時期的制限を徒過した相殺通知書による相殺の効力が争われることがあります。

(4) 担保権を行使して回収する

債権者が担保権を有している場合には、債務者との間で「別除権協定」の締結を検討しなければなりません。債務者は、担保物件の価値に見合った金額を分割で支払うことを約束して、その代わりに、担保権者には、債務者が約束通り支払いを継続している限りは、担保権を実行しないことを約束してもらったうえで、協定を締結するのです。この協定を「別除権協定」といいます。

[図3－17]　民事再生手続における債権回収

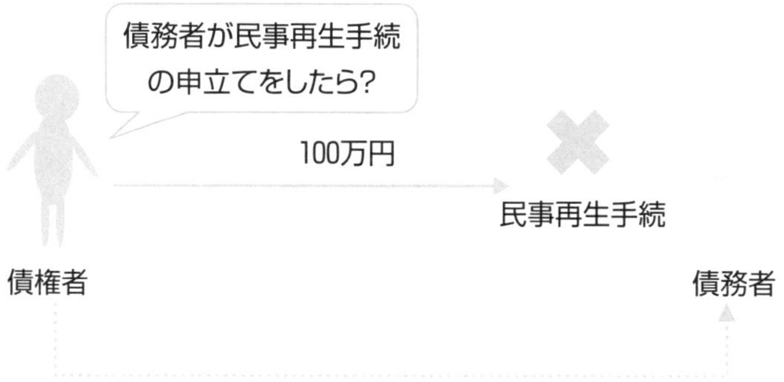

民事再生手続における債権回収

① 継続的な取引の中から将来にわたって回収する。
② 債権届出をして配当を受領する。
③（相殺が可能な場合）相殺して回収する。
④（担保権を有している場合）担保権を行使して回収する。
⑤（担保権を有している場合）別除権協定を締結して回収する。
⑥（債権者の財産が混在している場合）取戻権を行使して回収する。

第４章

債権回収の工夫②
～少し発想とやり方を変えてみる？～

第４章では、一般にはあまり知られていなかったり、知られていても誤解されていたりするような方法を紹介します。

１円でも多く、１秒でも早く債権回収をするためには、発想とやり方を変えてみる必要があります。債務者がすべての債権者に対して支払いができる状態であれば、債権回収のトラブルや紛争は発生しません。債権回収のトラブルや紛争が発生するのは、債務者がすべての債権者に対して支払いができないような状況にあるからです。

その際に、他の債権者と同じ発想で、同じ手続を進めていたのでは、債権回収が功を奏することはありません。ときには、他の債権者と違う発想で、違う手続を考えて進めていく必要があるのです。そうすることで、あなたの有する債権の優先順位をあげさせ、債権の回収率を高めていく工夫が必要になります。

少し発想とやり方を変えてみることで、債権の回収率を高めるための工夫をここでは紹介させていただきます。

1. 破産をちらつかせる

何度請求を繰り返しても支払いをしてこない債務者に対して、債権者から「破産手続の申立てをします」と伝えることが功を奏する場合があります。このような債務者は債権者からの請求には慣れていて、内容証明や支払督促が届いたとしても全く意に介することもありません。さまざまな債権者から請求されすぎて、慣れてしまっている状態にあるのです。

債務者の中には堂々と「債権者から請求されたり、裁判されたりしても、自分には財産がないから、怖いものは何もない」と開き直る人もいます。このような債務者は債権者からの請求や追及をのらりくらりとかわしながら、事業を存続させて生活の糧を得て暮らしていたりします。債務者の中には「財産はない」と言いながら、財産を開示しないだけで、財産隠しをしている債務者も存在します。こういった債務者に対しては、いくらプレッシャーをかけ続けても債権回収が功を奏することはありません。そこで、発想とやり方を変えて、違った形で債権者に対するプレッシャーをかけていく必要があります。

その方法が、先ほど説明した破産手続開始の申立てを匂わせるという方法です。債権者からの請求や追及をのらりくらりとかわしながら事業を存続して生活の糧を得ているような債務者は生活の糧である事業そのものを奪われてしまうことは死活問題です。債権者に対する支払いはできなくても、事業をして、何らかの収入を得ているから、日々の生活が成り立っているわけです。そのような状況にあるにもかかわらず、破産手続開始の申立てをされてしまうと日々の生活が脅かされてしまいます。

このような話をすると「債権者が債務者の破産手続開始の申立てをできるのですか？」と言われることがありますが、債権者からも破産手続開始の申立てを行うことは可能です（破産法18条）。あまりにのらりくらりと煮え切らない対応を繰り返したり、財産隠しをしている疑いのある債務者に対しては効果的な方法です。破産手続では破産管財人が破産法で認められた調査権をもとに債務者の現在の状況や破産手続開始に至った経緯を調査していきます。破産管財人の調査の過程で、財産隠しが明るみになるケースもないわけではありません。

［図4―1］ 破産をちらつかせる

2. 関係者を巻き込んでみる

誰でも名誉の気持はあるものです。たいていの人には、家族や友だちの信頼を裏切りたくないという気持もあると思います。人間は社会的な生き物です。社会とのさまざまなつながりの中で日々生活をしています。ですので、不名誉な噂や評判を立てられて、良い気持ですごせる人はほとんどいないといってもよいでしょう。「迷惑をかけたくない……」、「誰かに心配させたくない……」といった誰もがもっている気持を利用して債権回収につなげていきます。

「支払わなければならないお金を支払えていない」という状態は不名誉な状態です。債務者の取引先や債務者の第三債務者が、債務者がそのような状態にあることを知れば債務者の信用力を疑うでしょうし、債務者の従業員が、債務者がそのような状態にあることを知れば債務者に対する安心を疑うでしょう。また、債務者の家族が、債務者がそのような状態にあることを知れば債務者に対する信頼を損なうでしょうし、不安になるものです。

ですから、債務者が債権回収の場面で債権者からの請求を意に介せず、不誠実な対応しかしてこなかったりして、債権回収が滞りそうになった場合には、従業員、取引先、家族といった関係者を巻き込みながら債権回収を進めるという方法を検討してみてはいかがでしょうか。

関係者を巻き込むといっても、関係者から債権を回収するわけではありません。関係者に知られたくないという債務者の心理を債権回収に利用するのです。たとえば、債務者に請求を行う際に、親書ではなく、あえて、FAX やはがきを利用するという方法があります。FAX やはがきは誰でも見られるので、そのような形式で何度も請求されると、債務者にとっては嫌なはずです。ただ、この場合は表現に注意しないと名誉毀損罪や信用毀損罪に該当する可能性もあり得るので、少し控え目な内容にするよう、注意が必要です。

また、債務者の取引先に「債務者が支払ってくれないので困っている」といった情報を流すという方法があります。この場合には口頭で伝えるのがポイントになります。書面で送付した場合には、その書面が誰かに悪用されてばらまかれてしまうと、債務者の信用を毀損する行為として、逆に債権者が責めを負うはめにもなりかねません。

さらに、債務者の自宅を訪問して、家族に「債権の支払いのことで訪問しました」と伝えるのも、債務者にとっては嫌な行為です。このような方法のすべてがよいとは思いませんが、悪質な債務者に対しては、債権者も心を鬼にして接しなければならない場面もあります。

また、他の役員に対する責任追及という方法もあります。会社法429条１項は「役員等がその職務を行うについて悪意又は重大な過失があったときは、当該役員等は、これによって第三者に生じた損害を賠償する責任を負う」と規定しています。そのため、会社の代表者が悪質な債権回収逃れを続けて債権者に損害を与えるような場面では、他の取締役も連帯して責任を負うことになるので（会社法430条）、他の取締役に対する損害賠償請求を行うことを匂わせつつ、債権回収を進めていくことも検討してください。

［図4―2］ 関係者を巻き込む

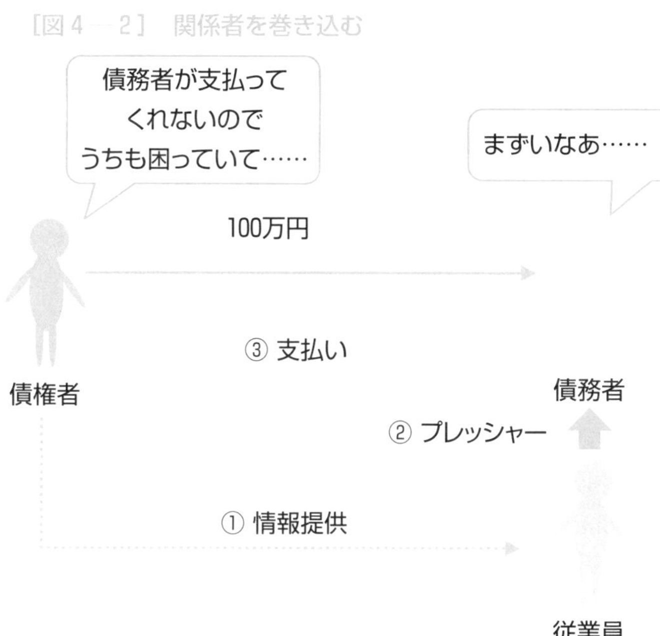

3. 刑事事件を並行して進める

(1) 刑事事件を進めることで債務者にプレッシャーをかける

意図的に財産隠しを行うような悪質な債務者の場合には、民事上の請求と並行して強制執行妨害罪（刑法96条の２）などの刑事責任の追及を検討します。

強制執行は債権回収の最終局面です。何とかして強制執行を免れたい一心で、よからぬことを考える債務者がいます。そのような場合に備えて、刑法は強制執行に関連する犯罪について規定を設けています（刑法96条～96条の４）。

民事上の手続を中軸に据えて債権回収を進めるという考えは間違いではありません。しかし、債権が発生する原因となる行為が、犯罪に該当するような行為である場合には、刑事事件になる可能性もないわけではありません。このような場合に、民事上の手続だけを利用して債権回収を進めるのでは不十分です。民事上の手続だけではなく、刑事上の手続も並行して進めていくことで、効果的な債権回収が実現できる場合もあるのです。

刑事事件の場合には、捜査機関が事実関係の有無を捜査という形で調査してくれます。警察や検察といった捜査機関は強制的な捜査権限を有しています。弁護士の立場で刑事事件を担当していると実感しますが、捜査機関の強制的な捜査権限は絶大です。弁護士に依頼して裁判所に申立てを行って調査することができないような債務者の情報を逮捕・拘留といった身柄拘束手続や捜索・差押えといった強制力のある捜査手続を通じて、短期間で獲得し、収集していきます。

そして、捜査手続が終了し、刑事裁判の中で犯罪として認定されて、有罪判決が確定すれば、債務者は刑事責任を負うことになります。誰しも犯罪者にはなりたくはありません。そのため、債務者に詐欺や横領・背任といった犯罪構成要件該当行為が認められる場合には、民事上の債権回収手続と並行して、刑事責任の追及を進めていくことで、最終的に債権の回収に結びつけていくことが可能になります。

具体的には、債権者から債務者に対して送付する請求書や通知書などの中に「貴殿の行為は○○罪に該当するものと考える。したがって、期限までに支払いがない場合には、貴殿に対して刑事責任の追及を進めることも検討せざるを得ない」といった内容の文言を記載します。このような記載があるだけで、債務者に対する大きな心理的なプレッシャーになります。なお、債務者のどのような行為がどのような犯罪に該当するか否かについては、法的な専門的判断が必要になるので、一度、弁護士に相談したうえで進めていくことが望ましいと思います。

(2) 債務者の弁護人と交渉する

また、刑事手続が進行すると、債務者に国選弁護人や私選弁護人がつくことが期待できます。債務者の側に弁護士がついた場合は債権回収のチャンスと考えてください。債務者の側についた弁護士は、債務者が刑事責任を負担しないで済むように、もしくはかりに債務者が刑事責任を負担するとしてもその負担が軽く済むように懸命に弁護活動を進めます。その中でほぼ必ず検討するのが、被害者である債権者と示談することです。

債権者と示談して、①債務者が反省していること、②債務者が債権者に一定の金銭賠償を行っていること（示談金）、③それによって、債権者が債務者を許していることといった内容を盛り込んだ示談書を締結して、その示談書を証拠として捜査機関や裁判所に提出することで、債務者の刑事責任が軽くなることをめざして弁護活動を行うのです。

債権者としては「債務者が○○日までに○○円の支払いをしてくれるのであれば、債務者を許すことも考えるが、そうでなければ、厳罰をもってのぞんでほしい」といった話をしながら、債務者側の弁護士と交渉を進めていくことになります。債務者側の弁護士が、債務者を説得したり、債務者の近親者に働きかけたりしながら、何とか示談金の支払いを行えるように進めていってくれることが期待できるのです。

⑶ 注意すべきポイントは？

ちなみに、このように刑事手続を並行して進めていく際に注意しなければならない重要なポイントがあります。捜査機関に被害申告を行う際に、「民事事件の債権回収の手段として刑事手続を進めてほしい」といった伝え方をしないことです。捜査機関は、民事事件の解決のために、刑事手続を利用されることをとても嫌がります。あくまで、「刑事事件の被害者なので債務者に対する刑事事件を進めてほしい」と誤解なく伝えていくことが大切です。

［図4－3］ 刑事事件を並行して進める

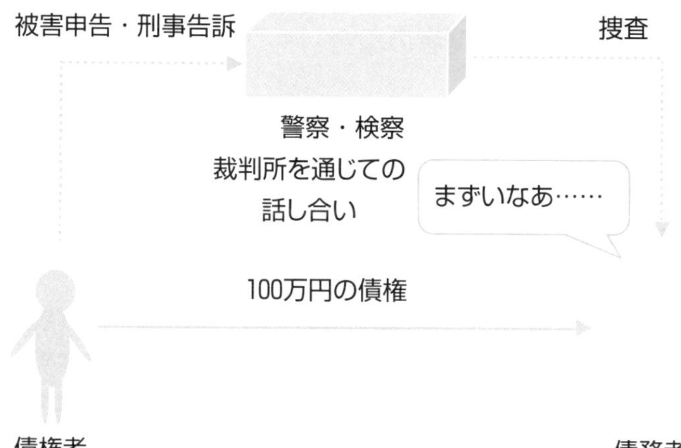

4. 営業保証金または弁済業務保証金からの回収を検討する

(1) 債務者が旅行業者の場合

債務者が旅行業者である場合には、旅行業者の営業保証金制度や旅行業協会（(一社)日本旅行業協会（JATA）や(一社)全国旅行業協会（ANTA)）の弁済業務保証金制度を通じて債権を回収できる場合があります。

まず旅行業者の営業保証金制度は、旅行業協会の正会員以外の旅行業者と旅行業務に関して取引をした旅行者がその取引によって生じた債権について、旅行業者が国に供託した営業保証金から一定の範囲で旅行者に弁済する制度です。

旅行業務は比較的小さな設備で取り扱うことができるものの、その取扱額は必ずしも少なくありません。そのため、旅行業者や旅行業代理業者と旅行業務に関し取引をした旅行者の保護を図るため、法律によって旅行者に一定の金額を営業保証金として供託することを義務づけています。旅行者が権利を実行しようとするときは、旅行業者が登録している行政庁に対して申立書を提出して、審査を経て、営業保証金から一定額の還付を受けるという流れになります。

次に旅行業者の弁済業務保証金制度は、旅行業協会の正会員である旅行業者（保証社員）と旅行業務に関して取引をした旅行者がその取引によって生じた債権について、旅行業協会が国に供託した弁済業務保証金から一定の範囲で旅行者に弁済する制度です。

旅行者が権利を実行しようとするときは、旅行者の債権について旅行業協会に認証の申出をしてその認証を受け、権利の実行があった日から21日以内に旅行業協会が供託する弁済業務保証金の還付を受けるという流れになります。

［図4—4—1］　営業保証金制度の概要

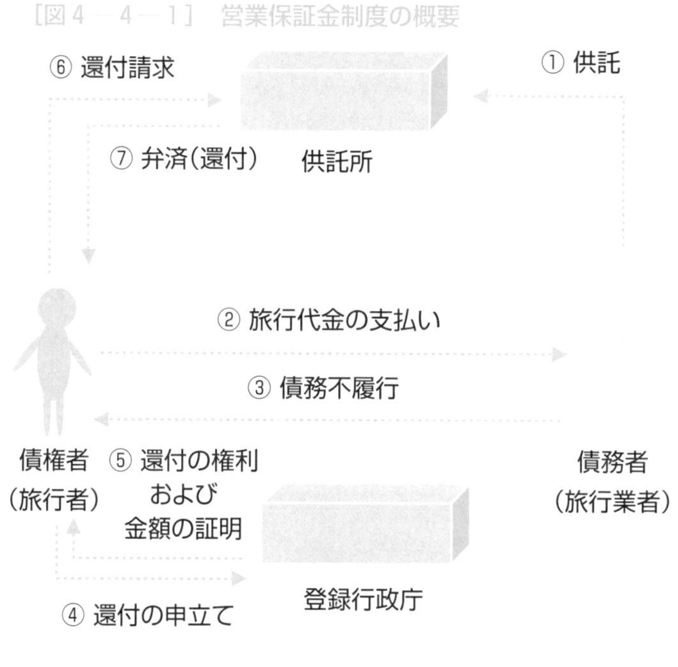

［図４―４―２］　弁済業務保証金制度の概要

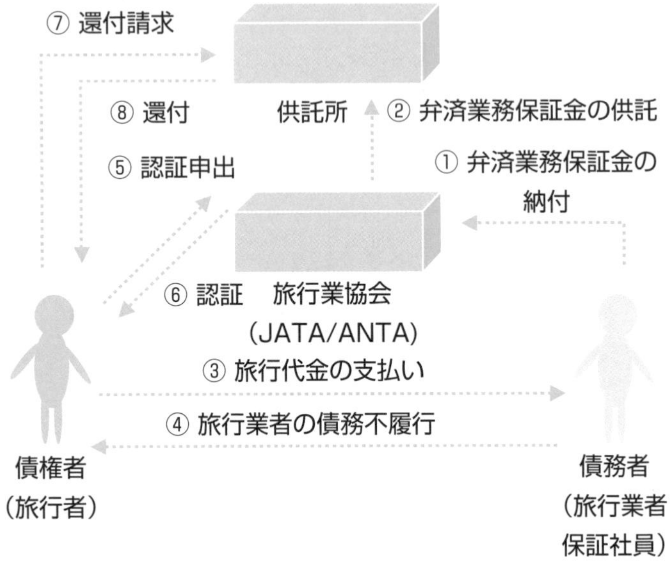

⑦ 還付請求
⑧ 還付
供託所
② 弁済業務保証金の供託
⑤ 認証申出
① 弁済業務保証金の納付
⑥ 認証　旅行業協会（JATA/ANTA）
③ 旅行代金の支払い
④ 旅行業者の債務不履行
債権者（旅行者）
債務者（旅行業者保証社員）

⑵　その他の場合

それ以外にも、いわゆる業法とよばれる法律で債権者保護制度が設けられていることがあります。不動産会社における営業保証金制度、有価証券関連業を行う金融商品取引業者における投資者保護基金制度、商品取引業者における委託者保護基金制度などです。債権回収の場面ではこれらの債権者保護制度の活用を視野に入れて、債権回収を進めていくことが有効です。

5. 今後の取引の中での回収を検討する

債務者が債権者と継続的に取引をしている場合には、今後の取引を通じて債権を回収していくことも検討してください。

(1) 新規に取引を行い回収する

意図的に新規の取引を行い、債権債務の対立をつくって相殺して債権を回収するという方法があります。相殺についてはすでに説明しました。相殺は簡易にかつ迅速に債権回収をすることができる債権回収の強力な武器です。[図4—5—1]（新規に取引を行い回収する）をご覧ください。

債権者が債務者に対して100万円の債権を有しているとします。そして債務者は100万円の商品を売っているとします。この場合に、債権者が債務者から100万円の商品を購入して、債権者が債務者に対して有する100万円の債権と相殺します。確かに債務者は100万円の商品を売っているのですが、この商品の原価が80万円だとすれば、債務者は100万円の現金を用意して返済するよりも20万円得をすることになるので、債務者にとってもメリットがあるわけです。この方法をとる場合には、タイミングが重要になります。債務者の同意がなければ新規の取引を行うことができないからです。

[図4—5—1]　新規の取引をして回収する

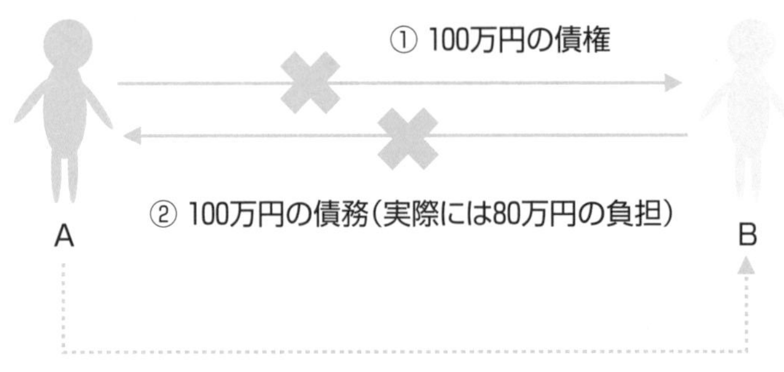

⑵　取引条件交渉の中で回収する

また、既存の取引を利用して、新たな取引条件の交渉を行い、その中で債権回収を行うという方法があります。[図4—5—2]（取引条件交渉の中で回収する）をご覧ください。

[図4—5—2]（取引条件交渉の中で回収する）の取引の内容は、債権者から債務者に対して当月末に商品Aを売却し、債務者は債権者に翌月末に100万円を支払うというものです。債権者と債務者は継続的な取引を行っているとします。債務者は翌月末の100万円の支払いは厳しいが、翌々月からは資金繰りが安定するので、支払いが可能になると説明しているとします。

このような場合に、債権を回収する方法としては、①翌々月に100万円を回収する、②翌々月以降毎月分割で100万円を回収していくという方法が考えられます。しかし、視点を変えて、契約を締結し直すという方法を検討することで、より多くの利益を得ることが可能になる場合があるのです。具体的には、商品の値上げをするという方法です。

従来の債権者と債務者との間の継続的取引の中では100万円で売却されていた商品を、翌月の支払いを猶予する代わりに、110万円に値上げするといった内容の契約を締結し直します。しかも期限は１年間とします。これによって、債権者は、10万円×12カ月、すなわち、１年間で120万円の利益を得ることができるようになります。値上げの金額をいくらにするかは、債権者と債務者の間の取引の実情に応じてさまざまだと思うので、個別具体的にご判断ください。

ほかにもこれまでの支払いサイトを短縮するとか、現金取引に変更するとか、さまざまな方法があります。要は支払いの滞りが生じたときは、取引条件を債権者に有利に変更するチャンスでもあるという視点をもつことです。転んでもただでは起きないという発想をもつことで、実質的に債権を回収した以上の効果を得ることができるのです。

［図4―5―2］　取引条件交渉の中で回収する

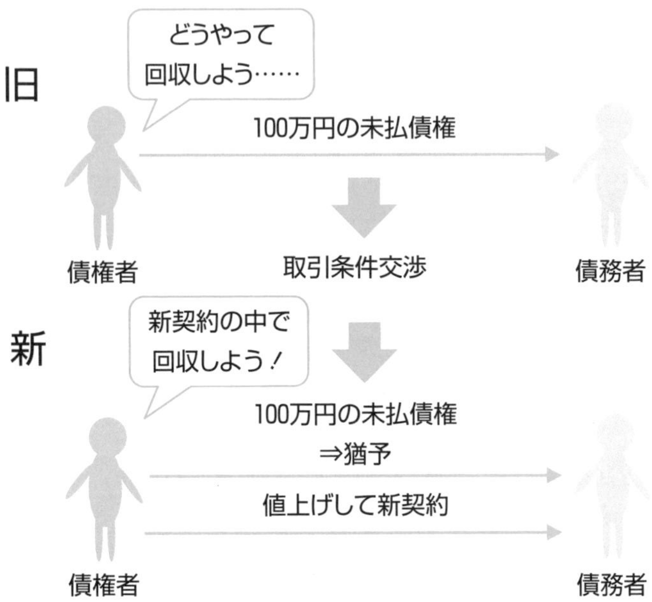

6. 費用対効果を考える

(1) 費用がいくらかかってもよいから回収する？

債権回収を行う際に考えるべき重要な要素として「費用対効果」があります。誰しも支払いをしない債務者に対しては腹が立つものです。人間は腹が立つと感情的になって冷静な判断ができなくなりがちです。日々の相談業務の中でも「先生、いくら費用がかかってもいいので、回収してください！ 絶対に許せません！」といきり立って相談にいらっしゃる方がいます。弁護士でもさまざまな立場・意見の方がいるとは思いますが、私自身は、経済合理性を無視して、単に債務者に対して復讐するためのケースや、債権者の私怨を晴らすために法的手続を進めるといったケースの依頼はお断りしています。債権が回収できていない場面というのは、債務者側の事情によってあるべき法秩序が乱されているという状態にあります。債権回収は、そのような状態を改善するために法的な知恵や経験とノウハウを駆使して、あるべき法秩序を取り戻すといった意味合いがありますし、そこにやり甲斐を感じるからです。

経済合理性を無視して無理に債権回収を進めることによって、債権者側の損害が拡大することになりかねないので、慎重に判断していただきたいと考えています。いきり立って相談にいらっしゃる方には「無理に債権回収を進めても損害が拡大するだけです。費用倒れになるような債権回収は（債権者である）依頼者にとってメリットがありませんし、依頼者にメリットがないケースをお引き受けすることはできません。まずは、債権回収の費用対効果を考えましょう」と説明して、冷静に検討してもらうように心掛けています。

⑵ 債権回収の場面で考えなければならない「費用」とは？

それでは、債権回収の場面で考えなければならない「費用」とはどのようなものがあるのでしょうか。まず考えなければならないのは、弁護士などの専門家に依頼する際のフィー（手数料）があります。

弁護士に依頼した場合には、①実費と②弁護士報酬がかかります。①実費というのは、たとえば、収入印紙代、郵便切手代、謄写料、交通費、通信費、宿泊料など弁護士が業務を遂行する際に実際にかかる費用です。②弁護士報酬というのは、着手金・報酬金・手数料等といわれるものです。着手金は、成功・不成功にかかわらず、弁護士に業務を依頼した際に弁護士に支払うべきものです。報酬金は、弁護士が扱った事件の成功の程度に応じて支払うべきものです。手数料は原則として１回程度の手続で事件が終わり結果の成功が見込める事件での支払いをいいます。[図４―６―１]（一般的な弁護士費用の例）にまとめましたので、ご覧ください。

[図4―6―1] 一般的な弁護士費用の例

				内容	備考
実費		―	実費	弁護士が業務を遂行する際にかかる費用	例：収入印紙代、郵便切手代、謄写料、交通費、通信費、宿泊料
弁護士費用	弁護士報酬	1	着手金	弁護士に事件を依頼した段階で支払う費用	事件の結果に関係なく、つまり不成功に終わっても返還されない
		2	報酬	事件が成功に終わった場合、事件終了の段階で支払う費用	成功というのは一部成功の場合も含まれ、その度合いに応じて支払う必要があるが、全く不成功（裁判でいえば全面敗訴）の場合は支払う必要はない
		3	手数料	当事者間に実質的に争いのないケースでの事務的な手続を依頼する場合に支払う費用	例：手数料を支払う場合としては書類（契約書、遺言など）作成、遺書執行、会社設立、登記、登録など
		4	法律相談料	依頼者に対して行う法律相談の費用	例：30分5000円など
		5	顧問料	企業や個人と弁護士が締結した顧問契約に基づき継続的に行う一定の法律事務に対して支払われる費用	―

かつて弁護士業界には日本弁護士連合会報酬等基準規定という弁護士報酬の基準がありましたが、平成16年4月1日以降は、弁護士報酬は自由化されて法律事務所ごとに基準が設けられるようになっています。したがって、現在では以前の弁護士報酬等基準規定のように全国一律の弁護士報酬基準はありませんが、それでも多くの法律事務所はかつての日本弁護士連合会報酬等基準規定を参考にしながら、あるいは日本弁護士連合会報酬等基準規定とあまり大きくかけ離れることのない基準を設けているというのが実情です。標準的な弁護士報酬に関しては、弁護士報酬が自由化された後に日本弁護士連合会が行ったアンケート（以下、「アンケート」といいます）結果が公表されていますので、紹介します。

⑶　300万円の債権回収を依頼した場合の弁護士費用はどのくらい？

たとえば、債権者が300万円の債権回収を弁護士に依頼しようとした場合には、どのような費用が必要になるのでしょうか。依頼を受けた弁護士は、まずは将来訴訟になった場合に備えて、相手に内容証明郵便を送付するというところから事件処理がスタートします。アンケートによると、内容証明郵便を発送する際の手数料としては３万円が相場になります。

次に、相手が支払いに応じなければ、相手に対して訴訟を提起することになりますが、その際の着手金の相場は20万円になります。この時点では300万円を回収することができるかどうかはわかりません。これまでかかった23万円は弁護士に依頼する人の持ち出しになります。

そして、最終的に勝訴判決を勝ち取れば、相場によると成功報酬として30万円がかかるということになります。そして、この段階でも300万円を回収できるかどうかはわかりません。勝訴判決を得るというのは、判決書という紙きれをもらうだけです。判決がでても、相手が任意に支払わなければ、さらに強制執行という別の手続を裁判所に申し立てなければなりません。そうすると、また新たに弁護士費用がかかる……そんなことになるわけです。さて、ここまでで弁護士に支払った弁護士報酬はいくらになっているのでしょうか。300万円を回収していないにもかかわらず、53万円の弁護士報酬がかかっています。それ以外にも、実費や消費税もあるので、実際に負担しなければならない費用は53万円よりも高額になるわけです。そのうえで、さらに強制執行手続を依頼するとまた弁護士報酬がかかる……。いかがでしょうか。弁護士に依頼して確実に300万円の回収ができたのであればともかく、最終的に300万円の回収ができなかった場合であっても、弁護士に依頼したあなたの損害は353万円以上に膨らんでしまうことにもなりかねません。

もっとも、最近は完全成功報酬制（CONTINGENCY FEE／実際にお金を回収できた場合にだけ費用を支払う形態）で債権回収を行う法律事務所もあるので（その場合最終的な報酬額は通常どおりに依頼した場合よりも高額に設定されることが多いようです）、上の例がすべての法律事務所にあてはまるわけではありませんが、一般的な大多数の法律事務所に依頼した場合にはこのような状況が生じます。

弁護士に依頼した場合には債権回収の成否にかかわらず、相当な費用がかかってしまうことをご理解いただけたのではないかと思います。ここでは、「債権回収の成否にかかわらず」という点がポイントになります。確実に債権回収ができるのであれば相応の費用がかかってもやむを得ないとお考えいただける方も多いのではないかと思いますが、相手がいる話なので必ずしも債権を回収できない場合もあるのです。その場合には、弁護士に依頼したために要する費用は持ち出しになってしまいます。

［図4―6―2］　弁護士報酬の目安

金銭消費貸借
知人に300万円貸したが、期限がきたのに返してくれないので返還を求めることにした。当初、弁護士名での内容証明郵便で催促した。ところが、知人からは何の返答もなかったので、さらに訴訟を提起し、その結果、勝訴して任意で全額回収できた。

◆内容証明郵便の手数料

1	1万円	159	15.9%	
2	2万円	173	17.4%	
3	3万円	416	41.7%	
4	5万円	171	17.2%	
5	その他	78	7.8%	（合計 997）

◆引き続き訴訟の場合（上記手数料を除く）

●着手金

1	10万円前後	119	11.9%	
2	15万円前後	263	26.2%	
3	20万円前後	440	43.9%	
4	25万円前後	118	11.8%	
5	30万円前後	51	5.1%	
6	その他	11	1.1%	（合計1002）

●報酬金

1	10万円前後	49	4.9%	
2	20万円前後	189	18.9%	
3	30万円前後	502	50.2%	
4	40万円前後	145	14.5%	
5	50万円前後	99	9.9%	
6	60万円前後	8	0.8%	
7	その他	8	0.8%	（合計1000）

（出典：日本弁護士会連合会「アンケート結果にもとづく市民のための弁護士報酬の目安」8頁）

(4)　それ以外の「コスト」は？

そのほかにも債権回収を進めるに際して、弁護士と打合せをするために何度も法律事務所に足を運ばなければならなくなって時間を要したり、そのための交通費がかかったり、債務者の所在や現況を確認するための調査に費用がかかったりと、さまざまなコストが発生します。ここで検討すべき要素は、単純に実際に財布からでる金銭ということではありません。費やす時間や手間暇などの有形無形のコストに加えて、支払いをしない債務者に対する腹立たしさといった心理的な要素も加味した幅広い意味の負担です。債権回収をどのような手続によって、どこまで進めるかについての検討をする際には、一度、これらの費用をすべて書き出したうえで、回収可能性の予測を立てて戦略的に進めていくことが必要です。

［図4―6―3］ 費用対効果を考える

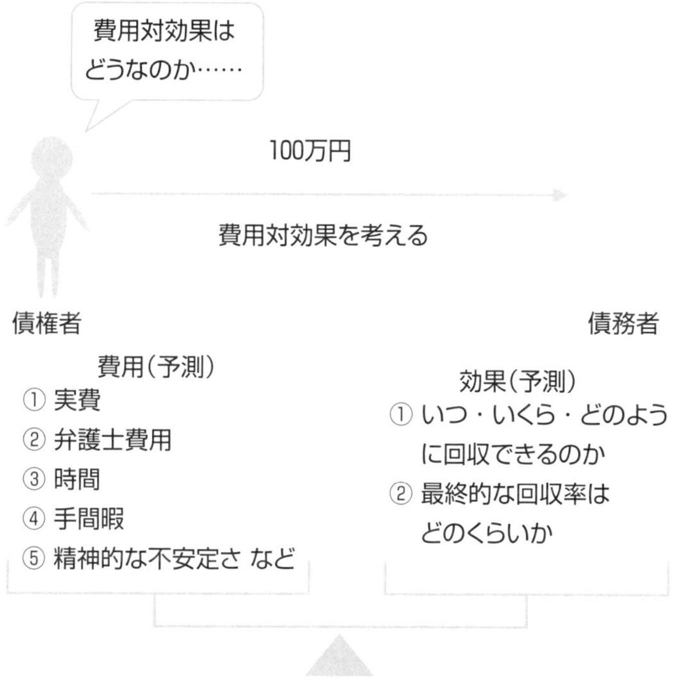

費用対効果はどうなのか……

100万円

費用対効果を考える

債権者

債務者

費用（予測）
① 実費
② 弁護士費用
③ 時間
④ 手間暇
⑤ 精神的な不安定さ など

効果（予測）
① いつ・いくら・どのように回収できるのか
② 最終的な回収率はどのくらいか

7. 時間対効果を考える

(1) 弁護士に依頼すると？

次に、弁護士に依頼すると時間がかかります。債権回収はスピードが命です。どうしても弁護士に依頼しなければならないような困難な相手以外の場合に弁護士を利用することは必ずしも得策とは思えません。弁護士に依頼して正攻法で進める場合には時間がかかります。

正攻法で進めていくと、どの程度の時間がかかるのでしょうか。先ほどの例で説明します。まず、弁護士を探すのに時間がかかります。日頃から何でも気軽に相談できる弁護士の知り合いがいない場合には、相談する弁護士を探すところからスタートしなければなりません。弁護士なら誰でもよいというわけではないでしょうから、できるだけ親身になって相談にのってくれる有能な弁護士を探したいと考えると思います。

また、弁護士との相性は人によってさまざまだと思いますが、少なくとも自分と相性の合う弁護士を探したいと考えるはずです。知り合いの社長や、税理士やコンサルタントなどを通じて「誰か良い弁護士はいませんか」、「債権回収に強い弁護士はいませんか」などと相談して、弁護士を紹介してもらうのだと思います。人のコネで探す以上は、間に人が入るので、その分だけタイムロスが生じます。

次に、相談する弁護士が決まったら、弁護士とアポイントメントをとらなければなりません。運よくすぐにアポイントがとれればよいのですが、多くの弁護士は常時複数の事件を抱えているので、すぐにアポイントがとれない場合も多いのではないかと思います。そうするとそこでもまた時間がかかります。弁護士に相談するのに数日を要することもよくあることではないでしょうか。ようやくアポイントをとっても、実際に弁護士に相談に行く日が１週間先とか２週間先なんてことになってしまうこともあります。

続いて、法律事務所に足を運んで、弁護士に事情を説明しなければなりません。これまでにも弁護士に相談した経験があったり、弁護士からアポイントの段階で明確な指示があったりすれば、必要な資料を用意したうえで段取りよく弁護士に事情を説明することもできるかもしれません。ただ、多くの場合は、何度か法律事務所に足を運んで打ち合わせが繰り返されます。

また、実際に弁護士に会ってはみたものの、「何だか、偉そうで威圧的な感じがするし、嫌だな……」とか、「おどおどしているし、説明も何を言っているのかよくわからないし、頼りなさそうだな……」とか、「話しづらそうな人だな……」とか、「人当たりも良くて調子はよさそうだけれど、根気強く親身になってくれるのだろうか……」といった具合に相談に乗ってくれた弁護士にマイナスのイメージをもつ場合もあるかもしれません。その場合には、またあらためて弁護士を探さなければならなくなります。

さて、弁護士との相性も悪くなかったので、弁護士に依頼することにして、弁護士との打合せが終わりました。弁護士は依頼に基づいて、まずは内容証明郵便を作成することになりました。ここで、依頼した弁護士がすぐに内容証明郵便を作成してくれればよいのですが、弁護士も予定が埋まっていてすぐに文案の作成に取りかかれないかもしれませんし、内容が複雑で、調査や検討に時間を要して、文案を作成するのに数日とか、1週間とかの時間がかかるかもしれません。そして、たいていの弁護士は内容証明郵便を作成した後に、クライアントに内容を確認してもらってから発送するので、最終的に発送するまでの確認や修正、再確認や再修正などがあれば、そこでもまた時間がかかります。

弁護士が内容証明郵便の文案を作成して、クライアントの確認も終わって、いよいよ相手に内容証明郵便を発送する段階になりました。内容証明郵便では通常相手からの回答期限を指定します。たとえば、「本書面を受領した後7日以内にお振り込み下さい」だとか、「本書面を受領した後10日以内にお振り込み下さい」といった記載をします。そうすると、内容証明郵便を発送して、手元に相手からの回答が届くまで、クライアントはまた待たされることになります。さらに場合によっては、内容証明郵便が「宛先不明」などで戻ってきてしまう場合もあります。その場合にはあらためて送達先を確認しなければなりません。そこでもまた時間がかかることになります。

続いて、内容証明郵便を発送した後、期限どおりに振込みや回答があればよいのですが、期限どおりに振込みや回答がなかった場合には、弁護士にあらためて催促の書面をだしてもらわなければなりません。あるいは、相手から反論があった場合には、再度、弁護士にアポイントメントをとって、打合せをして、対応方針を確認して……ということが繰り返されます。

その後、それでも相手からの支払いがなかったら、弁護士とアポイントメントをとって、打合せをして、資料を揃えて、弁護士に裁判の準備をしてもらって、裁判を起こしてもらってという流れになりますが、この準備でもまた相応の時間がかかります。

そして、弁護士が裁判所に訴状（あなたの言い分を書いた裁判上の書類）を提出した後、第１回口頭弁論期日（裁判の期日）が１カ月後から１カ月半後に指定されることになります。

そうして裁判が始まり、第１回口頭弁論期日が開かれた後に、１カ月から１カ月半後の日が第２回口頭弁論期日として指定されて、さらにその１カ月から１カ月半後の日に第３回口頭弁論期日が開催されて……という流れで裁判手続が進んでいきます。そうこうしているうちに、気がついたら半年や１年、場合によっては１年半や２年が過ぎていきます。

さて、ここまでで、どれくらいの時間を費やしているでしょうか。相手の対応にもよりますが、かなりの時間を費やしてしまっているわけです。この間に回収できた債権額はいくらだったのでしょうか。そうです。何とゼロ円です。

これほどの時間を費やしてゼロ円であれば、何のために弁護士に依頼して債権回収を進めたのかわかりません。私も弁護士ですから、弁護士に依頼することが駄目だと言っているわけではありません。「弁護士に依頼すれば大丈夫だ！」、「弁護士に任せたから大丈夫だ！」と思っている方もたくさんいらっしゃるのではないかと思いますが、決してそうではないと認識していただきたいのです。

(2)　数年後の90%よりも１週間後の70%をめざす

債権回収の現場では時間がたてばたつほど状況は刻々と悪化していきます。ですから、債権回収はとにかく迅速に進める必要があります。私の経験上、債権回収は初動が重要で、長期戦に持ち込んで大満足の結果を収めた債権回収案件の数は圧倒的に少数です。債権回収は一気に解決を図るのが鉄則です。

時間をかければ、債権者のコスト（費用だけではなく、労力、時間、精神的な負担、資金繰りへの影響等）は増大していく一方で、債務者の状況は刻々と悪化していく関係にあります。時間に応じて自然と債権の回収率も下がっていってしまいます。

時間をかけた場合に生じる債権者のコストを考えたときに、一定の減額をしたとしても、早期の債権回収を完了することのほうが得策な場合が多いと思います。１年後の90%の回収よりも、時間をお金で買ったという感覚で、１週間後の70%をめざすという感覚のほうがふさわしい場面もたくさんあります。

もちろん、どうしても100%の回収をめざして債権回収を進めなければならない場面もあるとは思います。私自身も新人弁護士時代は、「何が何でも全額回収する！」と意気込んで債権回収案件に携わっていました。それでも、これまでの私の経験の中で、基本的には一定金額（この金額は案件ごとの判断です）を減額しても、時間を優先したほうが債権者にとって望ましい結果になることのほうが多かったように思います。

債権回収のことで頭を悩ませ続けて数年もの膨大な時間を費やすよりは、とりあえず70%だけでも回収してしまって、残りの30%は時間があるときに回収を続けたり、または諦めたりして、空いた時間は、新規の営業をしたり、新しい利益を生み出すための生産的な活動をするほうが経済合理性の観点からはすぐれているという発想をもつことも大切です。

［図４―７］ 時間対効果を考える

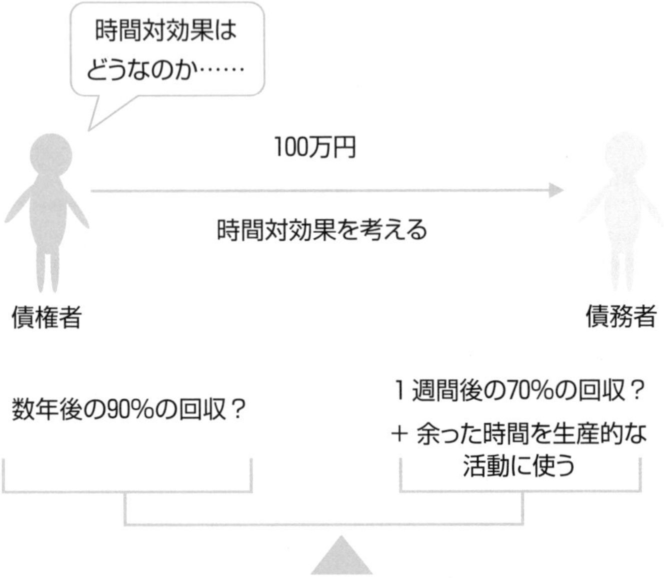

時間対効果は
どうなのか……

100万円

時間対効果を考える

債権者

債務者

数年後の90%の回収？

１週間後の70%の回収？
＋余った時間を生産的な
活動に使う

8. 時間を先延ばしにしながら将来の「利」を得る

(1) 債権回収の現場で立場が強いのは？

時間を先延ばしにしながら将来の回収を図るという方法があります。債権者が「100万円を支払え！」と請求したときに、債務者は「今は払えない……」と答えます。意外に思われる方も多いかもしれませんが、債権回収の場面では、債権者のほうが、交渉上、弱い立場にあります。支払能力がなくて、開き直っている債務者から債権を回収するのは容易ではありません。

こういった状況の中で債権者が強硬策を講じて100万円の回収を進めたとしても、現実に債務者に支払能力がない場合には回収することは困難です。時間も費用もかけて回収ができなかった……という虚しい事態にも陥りかねません。支払能力がない債務者から債権を回収することは、最も労力を要する最も困難な債権回収案件です。

このような場合に、まず考えるべきことは、債務者から多くの事情を聞き出すことです。債務者が現在どのような状況にあって、将来的にどのような入金の予定があるのかといったことを聞き出していきます。債務者はすぐに支払いをすることはできませんが、「何とか100万円の支払いを待ってほしい」と一心に願っていますので、いろいろと説明してくれると思います。

⑵ 債務者に期限を与える代わりに債権の強化を図る

そこで、債権者としては、債務者に期限を与える代わりに、債務者から聞きだした情報をもとにして、債権の強化を図っていきます。

まずは、現時点で相殺できなくても、将来、相殺できるように、債務者から商品を仕入れたり、債務者のサービスを利用したりということを行います。この方法であれば、債務者は身銭を切る必要はありません。債権者も代金を減額することなく、代金分の価値を享受することができるのです。

次に、分割による回収を検討します。債務者が一括で100万円を支払うことができなくても、10回に分ければ支払えると言っているような場合には分割払いによる回収を検討していきます。この場合には、ただ単に、10万円×10カ月＝100万円ということではなく、利息をとります。債務者に期限を与えるということは、それだけ貸し倒れ、回収不能といったリスクを甘受することになります。そのため、利息を設定して、10万円＋1万円×10カ月＝110万円といった形で利息をとるわけです。利息をとる際には注意点があります。あまり高額な利息にしてはいけないということです。

利息については、貸金の場合には、利息制限法という定めがあります。元本がいくらかによって利率の制限がされています。元本が10万円未満の場合は年利20%、元本が10万円以上100万円未満の場合は年利18%、元本が100万円以上の場合は年利

15%となっています。平成22年６月18日以降はいわゆる「総量規制」という規制も始まり、総額としていくらかという点も考慮されています。具体的には、貸金業者からの借入残高が年収の３分の１を超える場合、新規の借入れをすることができなくなります。また、取引先が一般消費者の場合には、消費者契約法という法律があります。この場合の上限金利は14.6%です。そのような規定を参考にしながら、金利を設定していきます。３%から14.6%程度が考えられる範囲ではないかと思います。

さらに、債権を強化することを検討します。債務者の財産に担保を設定してもらったり、支払期限を延期した後に債務者が支払いを行わなかったりした場合に備えて、公正証書や即決和解手続を利用して債務名義を取得しておくことも重要な観点です。

担保が設定してあれば、債権者が再度の約束どおりの支払いができなかったとしても、徴収している担保権を実行して債権回収を図ることができます。また、債務名義のない債権であれば、強制執行の前に債務名義を取得する必要があるので、債権回収までの時間も費用も労力もかかります。そこで、この機会に債権を強化しておくのです。

このように債務者に期限の利益を与える場面は逆に債権の効力を強めるチャンスととらえてリスクヘッジを行うべく解決を図ることが必要です。このような方法はリスクを含みますので、原則は一括での回収を試みることだと思います。でも、どうしても一括での債権回収ができない場合には、これらの方法を検討したうえで将来の回収を図ることが有益です。

［図４―８］　時間を先延ばしにしながら将来の「利」を得る

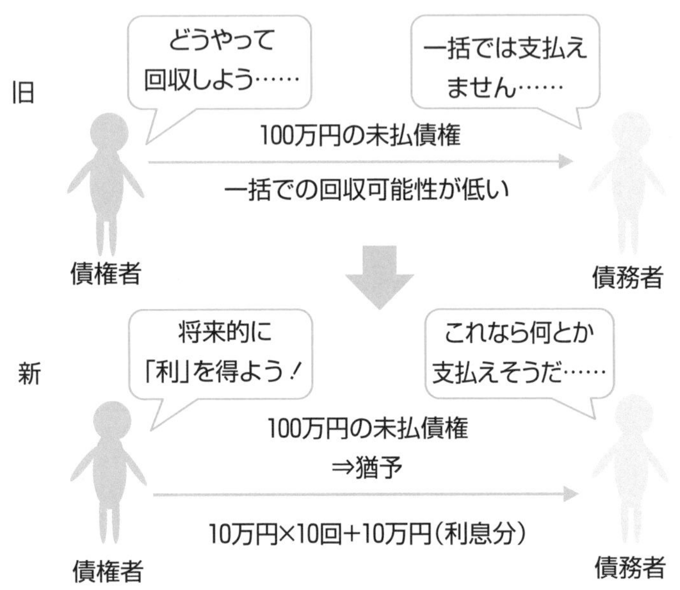

9. 債権回収の落とし穴①——反社会的勢力との接触を避ける

債権回収の相談を受けるときに、反社会的勢力に債権回収を依頼することが話題になることがあります。当然のことですが、反社会的勢力に債権回収の依頼をすることは絶対に避けてください。

以前、相談者から「先生、知り合いがヤクザを紹介してくれると言っています。先生の説明を聞いても時間がかかりそうですし、費用もかかりそうなので……今の景気の悪さからすれば、成功報酬も回収額の半分とかではなくて、30%程度でやってくれる人はたくさんいると聞いたんです」と言われたことがあります。

私は「それは駄目です。絶対にやめたほうがいいですよ。なぜなら……」とかなりの時間を使って説得しました。その場では「そうですよね、わかりました……」と言っていただきましたが、その後、その方から債権回収の依頼はきませんでした。

半年後に事務所に電話が入りました。「先生、実はあの後大変なことになってしまいまして……困っています。話を聞いてくれませんか」ということでした。

よくよく話を聞いてみると、ヤクザに債権の回収をしてもらったようですが、その後、骨の髄までしゃぶられそうな状態です。もちろん間に入って助けることもできたのですが、そもそも言うことを聞いてくれないクライアントを信用することはできません。弁護士の仕事の根幹はクライアントとの信頼関係です。そのときは依頼を丁重にお断りしました。他の弁護士を紹介することは、やはり迷惑をかける可能性があるので、躊躇しましたが、他の先生に事情を説明して対応してもらいました。他の弁護士が間に入ることで最終的に無事に解決できたのですが、一歩対応を間違えていたら……と思うとぞっとします。

この話には後日談があります。数年後、帝国データバンクの倒産企業情報でその会社が倒産したことを知りました。依頼をお断りしてからつき合いはありませんので、本当の理由はわかりませんが、ひょっとしたら、反社会的勢力絡みで仕事がおかしくなったということも理由としてはあるのではないかと思います。

反社会的勢力に債権回収の依頼を行うことは、自力救済を禁止している法律の趣旨に反する行為です。法律に違反した態様で債権回収を行うと、その後、法律に基づいて解決しようとしても解決ができなくなってしまいます。法律が統治する秩序のある世界から一歩踏みだしてしまうと、その後、法律の統治する秩序のある世界で解決しようとしても、その理屈は通らなくなります。

自らルールを破っておきながら、自分が困ったときだけルールに従った解決を求めたとしても、それは虫のよい話です。ルールがないのですから、自分だけでは解決できなくなります。家族や親戚も巻き込むことになります。子どもの学校で待ち伏せされたり、非常識な時間に家に来たり、頼んでもいないピザや棺桶が家に届いたり、親戚の家に葬儀の花が届いたりと、執拗な方法で、精神的に追い詰めてきます。追い詰められた相手は、警察に相談するか、同じく反社会的勢力を使うかといった解決に逃げます。

ほかにもこのようなケースがありました。債権の回収を反社会的勢力に依頼して、反社会的勢力が取立てを行いました。成功報酬として40%を支払いました。その後、また、新規で取引を開始した取引先に対する売掛金が焦げ付いてしまいました。そこで反社会的勢力が登場して売掛金を回収してもらいました。また成功報酬として100万円の40%として40万円を支払いました。反社会的勢力に取立てを依頼した人は、反社会的勢力に感謝します。反社会的勢力が「社長、取引先を紹介しましょうか？」と話をもちかけてきます。社長は反社会的勢力に感謝していますから、取引先を紹介してもらって取引を開始します。ですが、この取引先への売掛金もまたまた焦げ付いてしまいます。依頼者は反社会的勢力に依頼して取り立ててもらいます。反社会的勢力は「いやあ、すみません。私が紹介したのに……私のメンツにかけてきっちり全額回収しますよ。手間暇かかりますけど、成功報酬は30%に減額します」と言って、取立てを依頼した社長は恐縮して「いやあ、かえって申し訳ありませんね……でもお言葉に甘えてお願いします……」なんてやりとりが実際に行われます。200万円の30%で60万円を支払います。

そのようなことが何度も繰り返されるうちに、次第に資金繰りが厳しくなっていきます。社長はなぜか反社会的勢力に恩義を感じながら……。こんなことが実際に行われています。反社会的勢力が裏で絵を描いて食い物にする典型的な手口ですが、社長は気づきません。気づかないうちに、骨の髄までしゃぶられるのが、反社会的勢力の手口です。そこは相手もプロですし、経験がありますから、上手にやるわけです。

弁護士として債権回収の仕事に携わっていると、このような事態に遭遇することがあります。いったん反社会的勢力とかかわりをもってしまうと、その時はよいかもしれませんが、その後に手痛いしっぺ返しが待っています。かりに、どんなに良い話があっても、疑って話を聞くようにしてください。この良い話が債権回収の落とし穴なのです。あくまで法律の定める範囲で、法律の定める手続に沿って、債権回収を行うことを心掛けることを忘れないでください。

［図4－9］　債権回収は法律の定める範囲の中で

10. 債権回収の落とし穴②——他人の権利を侵害しないこと

(1) 債務者の自宅に訪問する場合

弁護士は、刑事事件では、罪を犯した人を弁護する立場で仕事をしますが、そのような弁護士であっても、債権回収の現場では意識的に注意して対応を進めなければ犯罪を引き起こしてしまうことがあります。たとえば、先日も依頼者からの要請を受けて債権回収の現場に立ち会うことにありました。依頼者からの依頼は、「債務者がいるかどうかわからないのですが、まずは債務者の自宅に行こうと思います。債務者が自宅にいて鉢合わせになったときに、何かよくないことが起きたら困るので、先生も同席してもらえませんか」というものです。私は「そうですね。それでは立ち会いましょう」ということで、依頼者と一緒に債務者の住まいに向かいました。債務者の居室のあるマンションの入り口を入り、エレベータに乗って債務者の居室のある階に行き、共用部の廊下を通り、債務者の居室の玄関前に着きました。インターフォンを何回か鳴らしたのですが、債務者は出てきません。玄関の扉も何回か叩いたのですが、債務者は出てきません。ただ、電気メーターを見ると電気メーターが動いています。依頼者が、「先生、電気メーターが動いているし、中に人がいるような気がするのですが、どうなのでしょうか」と言うので、私は「うーん。いないんじゃないですか？」と言いながら、何気なくドアノブを回して、引っ張ってみました。私は、債務者はいないと思っていましたし、鍵がかかっていて玄関の扉は開かないと思っていたのですが、何と扉が開いてしまいました。扉が開いてしまうと、当然、中を見たり、写真を撮ったりしたくなるのが心情です。

ただ、このあたりで「あれ？これは大丈夫かな？」という感覚を抱く必要があるわけです。あくまで居室内にいるかいないかを確認する意味合いでドアノブに手を伸ばして、扉が開くか開かないかを確認するという点まではギリギリセーフではないかと思いますが、そこから一歩先に進んで、開いた扉の中を覗いたり、ましてや写真を撮ったりすると債務者のプライバシー権を侵害するような気がします。また、さらに一歩進んで、開いた扉から居室の中に入ってしまうと、住宅侵入罪（刑法130条）に該当する可能性があります。さらに、玄関ドアの郵便受けから郵便物を取り出して開封してしまうと、信書開封罪（刑法133条）に該当する可能性があります。

このように、実際の債権回収の現場で何をどこまでやるかというのは、悩ましいところです。債権者の側としては何とか債権を回収したいという思いで現場まで行っていますので、勢い余ってアレコレとできることをやってしまいがちです。その結果、意図せず他人の権利を侵害してしまっていたり、犯罪に該当する行為を行ってしまったりする可能性も高いと感じています。法律の詳しくない方が、債権回収の現場で何が犯罪にあたり、何が犯罪にはあたらないかの線引きを行うことは簡単なことではないと思いますので、弁護士に立ち会ってもらったり、立ち会ってもらわないとしても、判断に迷う場面では現地から電話で確認できるような体制を整えたりしたうえで現場対応を進めていただいたほうが安全だと考えます。

⑵ 債務者のプライバシーや名誉への配慮を怠らない

債権者が「金を払わないやつは泥棒と変わらない」とか、「金を返さないやつが悪い」と考える気持ちもわからないことではありません。確かにお金を払わなかったり、借りたお金を返さなかったりする人が悪いのは間違いありません。ただ、だからといって「金を返さない奴は何をされても関係ない」ということにはなりません。日本は法治国家ですので、法律に基づいて債権回収も行わなければなりません。そのため、債権回収の現場でも、債務者の人権に配慮したうえで進めていく必要があります。

たとえば、お金を返さない債務者の自宅を訪問したけど、居留守を使われた腹いせに「泥棒」「金返せ」といった張り紙を債務者の自宅の扉に貼ったりすると、債務者の平穏な日々の暮らしを侵害する違法な行為と解される可能性があります。債権者と債務者の間の金銭の貸し借りに関する事情は債務者のプライバシーに関わる事柄ですし、隣人などに知らしめることで債務者に対する社会的評価も低下させられるからです。それにもかかわらず、このような行為をしてしまうと、名誉棄損罪（刑法230条）に該当する可能性があります。

また、お金を返さない債務者に連絡する際に、葉書を使って、葉書に「泥棒」「金返せ」と大きく書いて送ったりすると、債務者の名誉や信用を害する違法な行為と解される可能性があります。こちらも上記の例と同様に、債務者がお金を借りていることや、借りたお金の返済が滞っているといった事情は債務者のプライバシーに属する事柄ですし、それを第三者が目にすることで債務者の社会的評価を低下させられるからです。また、他方で、葉書は第三者が容易に目に見えるもので、他に封書等で送付する方法もあるにもかかわらず、あえて葉書を選択する必要性もありません。

それにもかかわらず、これらの行為をしてしまうと、名誉棄損罪（刑法230条）等の犯罪に該当する可能性があるので、注意が必要です。

第5章

弁護士による債権回収のノウハウQ&A

債権回収の現場では瞬時にさまざまな判断を行うことが求められます。ただ、実際には判断に迷う場面も多いものです。そのため、債権回収業務に関連してよく相談を受ける質問と回答内容を端的なQ&Aにまとめましたので、参考にしてください。

Q-1 債務者が会社を辞めたとき

私は、Aさんに100万円を貸して、毎月5万円ずつ分割で支払ってもらっています。ところが、最近、Aさんが勤めていた会社を辞めたという話を聞きました。収入がなくなったら、私の貸したお金を返してくれないのではないか心配になりました。私は何をどう進めていけばよいのでしょうか。

A まずは、すぐAさんに会いに行きましょう。

債務者に関する怪しい噂を聞いたら、まずは債務者に会いに行きましょう。1つでも有益な情報を聞き出すためという目的と、心理的なプレッシャーを与えるという目的があります。債務者もお金を借りている引け目があるので、会いに来た債権者をむげにはしないと思います。そのため、この機会に根ほり葉ほり情報を探ってください。また、債務者としても、このような対応をされると「う…しっかりと見られているな。中途半端なことはできないぞ…」と考えるものです。こちらの本気度を、態度で示すことが大切です。

Q-2 債務者への確認事項

私は、Aさんに100万円を貸して、毎月5万円ずつ分割で支払ってもらっています。ところが、最近、Aさんが勤めていた会社を辞めたという話を聞きました。私は、すぐに債務者に会いに行ったのですが、何を確認すればよいのでしょうか。

A 確認すべきことは沢山あります。とにかく根ほり葉ほり聞いてください。

単刀直入に、何で会社を辞めたのか、退職金は出たのか、失業等給付は受けるのか、これからどうするのか、新しい勤務先はどこにあるのか、いつから働くのか、収入はいくらか、貯金はあるのか、この機会に親か誰か肩代わりして支払ってくれる人はいないのか等を、単刀直入に聞いてください。情報を得るという意味合いもあるのですが、質問に対して正直に答える誠意があるかを確認する意味合いもあります。そのため、Aさんが「何でそんなこと答えなきゃならないんだ？」とか開き直ってきたら、誠意が薄れている、またはひょっとしたら回収も危ぶまれるかもしれないと理解し、何か別の方法を考える必要もでてくるかもしれません。他方で、1つ1つしっかりと回答してきた場合には、まだ誠意が残っていると理解して、得られた回答内容はしっかりと記録に残しておき、万が一支払いが滞ったときに役立てるようにしてください。

Q-3 債権回収の秘訣はプレッシャー

債権回収の秘訣はプレッシャーをかけることという話ですが、具体的には何をすればよいのでしょうか。

A 接触の頻度や回数を増やすことと、段階的に程度を強めていくことです。

プレッシャーをかけるときの最大のコツは「自分がされたら嫌なことをする」ことです。たとえば、自分が債務者の立場にあることを想像してみてください。債権者が、しつこく何度も電話をかけてきたり、頻繁に面会を要求してきたりすれば、嫌な気持になるはずです。また、職場だけではなく、自宅にまで電話をかけてきたりされたら嫌なはずです。このように「自分がされたら嫌なことをする」ことを基本姿勢にしながら、徐々に、段階的にプレッシャーをかけ続けることが大切です。多少、性格が悪い人にならなければなりませんが、仕方ありません。人によっては抵抗感があるかもしれませんが、そもそも、債務者がしっかりと支払いをしてくれれば問題がない話ですし、回収しなければ始まらないので、ここは心を鬼にして、性格が悪い人を演じきって回収につなげてください。

Q-4 プレッシャーをかける際の注意点

債務者に対してプレッシャーをかけ続ける際に注意しなければならない点は何でしょうか。

A 犯罪にならないようにすることです。

債権回収の現場では、勢いあまって、住居侵入罪（刑法130条）、監禁罪（刑法220条）、脅迫罪（刑法222条）、強要罪（刑法223条）、名誉棄損罪（刑法230条）、信用棄損罪（刑法233条）、威力業務妨害罪（刑法234条）、窃盗罪（刑法235条）、恐喝罪（刑法249条）などの犯罪に該当する行動をとってしまう場合があります。当たり前のことですが、プレッシャーをかけることが大事といっても、行き過ぎて犯罪をしてしまっては本末転倒です。債権回収の現場で注意しなければならない犯罪類型については限られていますので、本書で紹介した内容を確認したうえで、慎重に行動してください。

Q-5 担保を設定したい

お金を貸していたのですが、債務者からの支払いが滞りました。担保を設定したいのですが、不動産もなければ、めぼしい動産もないし、連帯保証をしてくれる人もいないとのことでした。独身だし、何だか今にも逃げそうな気配も感じます。何かよい方法はありませんか。

A （債務者の承諾を得て）人間関係を担保にとるという方法があります。

本書でも紹介させていただきましたが、財産がない人や連帯保証人のあてがない人でも「人からお金を借りたのにかかわらず、それを返していない」という不名誉な情報を他人に知られるのは嫌なはずです。そのような債務者の心情を考慮して、「もし返済しなければ親に連絡される場合がある」とか「もし返済しなければ友人に連絡される場合がある」といった状況を作出して、返済しなければならないというモチベーションを高めてもらう方法です。ただ、慎重に進めなければなりませんので、本書の「第３章　債権回収の工夫①」の「６．新しい担保権を創造する」で紹介した内容を確認したうえで、かつ弁護士などの専門家に相談したうえで対応を進めてください。

Q-6　100万円を貸しましたが、「30万円なら一括で支払えるので、それで勘弁してもらえないか」と言われたとき

私は、Ａさんに100万円を貸しましたが、１回も支払いがされないまま支払いが滞りました。Ａさんに連絡して、私から「期限の利益を喪失したので、今月末までに全額一括で返せ」と言ったところ、Ａさんは「30万円なら一括で支払えるので、それで勘弁してもらえないか」と言ってきました。どう対応したらよいでしょうか。

A　チャンスです。まずは月末に30万円を返してもらってください。そして、残りは分割で回収してください。

100万円一括か、30万円一括かで天秤にかけて考えてしまう人がいます。そのようなゼロサムではなく、１円でも多く回収するというスタンスで臨んでください。そのため、「月末であ

れば30万円を用意することができる」といった情報を引き出せればチャンス到来です。まずは用意できるという30万円を支払ってもらいましょう。そのうえで、残りの70万円については分割になるかもしれませんが、支払可能額を聞き出したうえで、コツコツ回収していくことになります。

Q-7 「親からお金を借りてでも、すぐに返せ」と言ってもよいのでしょうか

私は、Ａさんに100万円を貸しましたが、１回も支払いがされないまま支払いが滞りました。現在、返済に向けた話し合いをしているのですが、打開策がみえません。Ａに「親からお金を借りてでも、すぐに返せ」と言ってもよいのでしょうか。

A 言うこと自体に法的な問題はありませんが、言い方は注意してください。

債務者に「親からお金を借りてでも、すぐに返せ」と言うこと自体は問題ありませんが、債務者が畏怖するような言い方で強く言いすぎたり、あまりにしつこく要求してしまったりすると、脅迫罪（刑法222条）、強要罪（刑法223条）、恐喝罪（刑法249条）などの犯罪になる可能性がありますので注意が必要です。すなわち、債務者にはお金を返す義務はあっても、親に事情を話したり、ましてや親からお金を借りてまで債権者にお金を払ったりしなければならない法的な義務はなく、それを強要してしまうと犯罪になりますので、注意してください。

Q-8 「消費者金融で借りてでも、すぐに返せ」と言ってもよいのでしょうか

私は、Aさんに100万円を貸しましたが、1回も支払いがされないまま支払いが滞りました。現在、返済に向けた話し合いをしているのですが、打開策がみえません。Aに「消費者金融で借りてでも、すぐに返せ」と言ってもよいのでしょうか。

A 言うこと自体に法的な問題はありませんが、言い方は注意してください。

考え方としてはQ-7と同じなので、そちらの解説をご確認ください。債務者にはお金を返す義務はあっても、消費者金融に行って借りてでも返さなければならない法的な義務はありませんので、不当な要求と受け取られてしまう可能性があります。言い方を含めて注意してください。

Q-9 責任をもってちゃんと返すと約束するまで債務者を帰さないつもりです。問題ありますか

私は、Aさんに100万円を貸しましたが、1回も支払いがされないまま支払いが滞りました。現在、返済に向けた話し合いをしているのですが、打開策がみえません。Aも「もう勘弁してくれ」と開き直っています。責任をもってちゃんと返すと約束するまで、徹夜してでもけっして帰さないつもりです。問題ありますか？

A　債務者が「帰りたい」と言ったら帰さないと違法になります。

刑法220条は「不法に人を逮捕し、又は監禁した者は、３月以上７年以下の懲役に処する」と定めています。ここで「監禁」というのは、人を一定の区画などに閉じ込めて、そこから出る自由を奪うことをいいますが、債務者が「帰りたい」と言っているのにそれを阻止してしまうと、監禁罪に該当する可能性があります。

Q-10　債務者に誓約書を書いてもらう際の注意点

私は、Ａさんに100万円を貸しましたが、１回も支払いがされないまま支払いが滞りました。現在、返済に向けた話し合いをしています。Ａが「必ず返すから」と言っているのですが、信用できません。その場で誓約書のようなものを書いてもらったほうがよいのではないかと思うのですが、注意点はありますか。

A　債務者の任意のもとで記載してもらってください。強制すると違法です。

誓約書を書くか書かないかは、債務者が自由に判断できる事柄です。言い換えれば、債務者には誓約書を書かなければならない法的義務はありません。それにもかかわらず、何らかの方法で誓約書を書くことを強制してしまうと、強要罪（刑法223条）に該当する可能性があります。たとえば、「この場で誓約書を書かないと帰さないぞ」とか「この場で誓約書を書かないと親に言うぞ」とか言って、誓約書を記載を強要すると違法になるので注意が必要です。

Q-11　債務者に「弁護士に相談する」と言われたとき

債権回収の現場で「弁護士に相談する」と言われました。弁護士に相談させると厄介なことになる気がするのですが、どうしたらよいのでしょうか。

A　弁護士への依頼や弁護士の介入を妨げないでください。

債務者にも弁護士を依頼する権利があります。そのため、債務者が弁護士に依頼することを妨げてしまうと、後に不法行為責任（民法709条）などの責任追及を受ける可能性があります。債権回収は法的な範囲で行わなければなりません。弁護士も法律を犯してまで債権回収を妨げたりはしませんし、弁護士が介入することで、合理的な方向で話が進むことも期待できるかもしれません。

Q-12　債務者の自宅を訪問する際の時間帯

支払いが滞る債務者に対して連日電話しています。夜討ち朝駆けという言葉を聞いたことがありますが、朝や夜も債務者の自宅を訪問しようと思うのですが、何時以降は訪問してはいけないといったルールがあったと思います。詳しく教えてください。

A 常識的な時間帯で対応を進めるようにしてください。

債権者が貸金業者でなければ、特に何時以降は訪問してはいけないというルールはありません。しかしながら、債務者にも平穏に暮らす権利があります。そのため、非常識な時間帯に対応を進めてしまうと、債務者の権利を侵害する可能性があります。したがって、常識的な時間帯で対応を進めるようにしてください。常識的な時間帯をどう考えるかが問題ですが、貸金業者に対する取り立て行為の規制を定める貸金業法21条を受けて策定された「貸金業者向けの総合的な監督指針Ⅱ－２－18『取立行為規制』は「正当な理由がないのに、午後９時から午前８時までの時間帯に、債務者等に電話をかけ、若しくはファクシミリ装置を用いて送信し、又は債務者等の居宅を訪問」してはならないとしていますので、午後９時から午前８時の訪問は避けたほうが望ましいと思います。

Q-13 債務者が出席する結婚式の会場に行って債権回収をしてきてもよいでしょうか

支払いが滞る債務者に対して電話をしています。携帯電話に連絡しているのですが、電話にでなくなってしまいました。来週の日曜日に債務者の親族が結婚し、債務者もそこに出席する話を聞きました。結婚式の会場に行って債権回収をしてきてもよいでしょうか。

A　結婚式の会場での債権回収は避けてください。

債権者が貸金業者でなくても、親族の冠婚葬祭時や年末年始、入院時、罹災時等の不適当な時期に取り立て行為を行うことは、私生活または業務の平穏を害する行為に該当するおそれが大きいと思いますので、避けたほうが無難だと思います。

Q-14　債務者の会社に電話しても問題ありませんか

支払いが滞る債務者に対して電話をしています。携帯電話に連絡しているのですが、電話にでなくなってしまいました。会社に電話しても問題ありませんか。

A　会社に電話すること自体は問題ありませんが、発言には注意してください。

債務者にも、プライバシー権や保護されるべき名誉があります。そのため、債権者が職場に電話した際に、債務者がしている借金の内容や、債務者による返済状況やそのほかを話してしまうと、プライバシー権を侵害したり、名誉棄損罪（刑法230条）に該当したりする可能性があるので、注意が必要です。あくまで所在確認や、在籍確認などに留めるべきだと考えます。

Q-15 連絡がとれなくなった際に、SNSを通して債務者によびかけても問題ありませんか

支払いが滞る債務者に対して電話をかけていたのですが、電話にでなくなりました。メールも返信がありません。債務者のFacebookアカウントにメッセージを送ったのですが返信がありません。自分のFacebook上で、「○○さんを探しています」的なメッセージをアップして、連絡させるようにしたいのですが、問題ありませんか。

A メッセージをアップすること自体は大丈夫です。ただし、債務者のプライバシーや名誉には配慮が必要です。

連絡手法として、アップすること自体は問題ありません。ただ、債務者のプライバシーや名誉に配慮して、謙抑的な内容や表現にしてください。

Q-16 債務者の自宅を訪問し、大声で呼びかけても大丈夫でしょうか

債務者の自宅を訪問しました。インターフォンを押してもでてきません。テレビドラマで見たのですが、ドアをドンドンと叩いて「★★さん、いますかー？」と大声で呼びかけても大丈夫でしょうか。

A　呼びかける程度は大丈夫です。ただし、債務者の生活圏で行うことですので、周囲に与える影響に配慮してください。

債務者にも、プライバシーや名誉感情といった保護される権利があります。そのため、あくまで存否確認という目的達成のために、必要最小限の手段ということを意識して対応してください。ドアを叩く音や、発する発言の内容、発する声の大きさ等、第三者が見た際に債務者の人間性や社会生活態度に対して、第三者が疑念をもたないような対応を心掛けるようにしてください。

Q-17　債務者の自宅を訪問し、ドアについている郵便受けから中を覗いてもよいでしょうか

債務者の自宅を訪問しました。インターフォンを押してもでてきません。電気メーターは回っているし居室内にいる気配がします。ドアについている郵便受けから中を覗いてもよいでしょうか。

A　控えたほうがよいと考えます。

あくまで安否確認のために行う必要があると肯定する見解もあると思いますが、ドアの中は居室内でありプライバシーが保護されるべき領域です。そのため中を覗くことで債務者のプライバシー権を侵害する可能性がありますので、控えていただいたほうが望ましいと思います。

Q-18　債務者の自宅を訪問し、ドアに鍵がかかっていないとき、中に入ってもよいでしょうか

債務者の自宅を訪問しました。インターフォンを押してもでてきません。ドアノブに手をかけたところ、鍵がかかっていなかったようで、扉が開いてしまいました。中に入っていってもよいのでしょうか。

A　入らないでください。

債務者の承諾を得ることなく居室内に入ってしまうと、住居侵入罪（刑法130条）に該当する可能性が高いので、入室すべきではありません。また、扉が開いてしまったとのことですが、債務者の承諾を得ることなく、居室内を覗いたり、その様子を記録に残すために写真や動画で撮影したりしてしまうと、債務者のプライバシー権を侵害する可能性があるので、そのような対応は行わないようにしてください。

Q-19　債務者の自宅を訪問し、郵便受けから溢れている書類を持ち帰ったり、封筒を破いて中身を見ても問題ありませんか

債務者の自宅を訪問しました。インターフォンを押してもでてきません。郵便受けを見たところ、書類が溢れています。そのうちの１つを取り出して持ち帰ったり、その場で封筒を破いて中を見てしまったりしても問題ありませんか。

Ⓐ 問題あります。

債務者の承諾を得ることなく書類を持ち帰ってしまうと、窃盗罪（刑法第235条）に該当しますし、債務者の承諾を得ることなく封筒を破いて中を見てしまうと信書開封罪（刑法133条）に該当しますので、そのような対応は控えてください。

Q-20 債務者の自宅を訪問し、お金を返してもらうまで帰らないつもりですが問題ありますか

債務者の自宅を訪問しました。債務者が「帰ってください」と言っています。お金を返してもらえば帰るのですが、お金を返してもらっていないのに帰りたくありません。どうしたらよいでしょうか。

Ⓐ 不退去罪に該当する可能性があるので、注意してください。

刑法130条は「正当な理由がないのに、人の住居若しくは人の看守する邸宅、建造物若しくは艦船に侵入し、又は要求を受けたにもかかわらずこれらの場所から退去しなかった者は、3年以下の懲役又は10万円以下の罰金に処する」と規定しています。そのため、債務者から「帰ってください」と言われたにもかかわらず、その場に居座ってしまうと、不退去罪（刑法130条後段）に該当する可能性があります。

Q-21　債務者が倒産しそうだと聞きました。代金の支払いを受けていない、納品した商品を債務者の会社から持ち帰ってよいでしょうか

債務者が倒産しそうだという話を聞いて、債務者の会社に行きました。当社が販売した商品が無造作に置かれています。当社はこの商品の代金の支払いを受けていないので、返品してもらいたいと思っています。その場から持ち帰ってきてよいでしょうか。

A　債務者の承諾を得たうえで持ち帰ってきてください。

勝手に持ち帰ってくると窃盗罪（刑法235条）に該当する可能性があります。そのため、債務者の承諾のもと引き揚げることが必要です。厳密にいえば、当該商品の売買契約を解除したうえで、原状回復措置として、当該商品の返品を受ける流れになります。その場から持ち帰る場合には、あとでトラブルになる可能性があります。そのため、契約解除通知書や引き揚げ同意書のような書類を用意しておくことができればよいのですが、手元にない場合には、債務者の承諾のもとで当該商品の引き揚げを行ったうえで、後に書類を整備する方法を採ることもあります。

Q-22　債務者が倒産した場合の債権回収

債務者が倒産したという話を聞きました。回収は難しいですよね。

Ⓐ 諦める必要はありません。

一概に倒産手続といってもさまざまです。債務整理や民事再生などの再建型の手続もあれば、破産手続や特別清算など清算型の手続もあります。再建型の手続の場合には、将来的に個別の返済計画や再生計画に基づいて一定の債権回収が可能かもしれませんし、清算型の手続の場合でも管財人等の頑張りで財団の増殖ができ、一定の債権回収が可能になるかもしれません。そのため、債務者が倒産したという情報を聞いただけで、「ああ、もうダメだな」と感じるのはまだ早いと考えて、粘り強く情報収集等を行うことが大切です。

また、不誠実なケースでは、債務者の弁護士から受任通知書が届いて、「破産予定です」という記載があったため、次の連絡がくるのを待って半年くらいが経過した時点で、その弁護士が何もせずに放置され、結局何の手続も進まずに債務者が行方不明になったなんていうケースがあります。このようなケースは、一度や二度ではありません。このような状況になってしまった背景としては、債務者が弁護士に支払うべき着手金を用意できなかったとか、債務者と弁護士の信頼関係が崩れてしまった等さまざまな理由が想像できますが、無責任な話です。そのため、債務者が倒産したという情報を聞いたときこそ、回収に向けた行動を力強く進めるようにしていただきたいと思います。

Q-23 債務者が倒産した場合にできること

債務者が倒産したという話を聞きました。何かできることはあるのでしょうか。

A　相殺できないか、担保権の実行ができないかを検討してください。

まずは、債務者との関係を見直して、こちらから相殺する債権と債務の対立がないかを確認してください。もし相殺することができれば、それが最善の債権回収手段だと考えるからです。次に、担保権の実行が可能であれば速やかに担保権の実行を進めていきます。抵当権の設定状況、所有権留保の有無、保証人の有無など担保の状況を確認してください。相殺できる状況になく、かつ担保権の実行ができない場合には、倒産手続の中で配当を得られるべく債権届出等の手続を進めていくことになります。

Q-24　効果的な債権回収のために日頃から備えておくべきこと

効果的な債権回収のために日頃から備えておくことは何かありますか。

A　債権回収のフローと必要な書式を整備しておくことをお勧めしています。

債権回収は時間との戦いです。そのため、債務者の支払が滞った段階で、一から作戦を立てて、必要な書類を作成してといったことをしている余裕はありません。できれば、平時に準備できるものは事前に準備しておいたほうがよいと考えます。そのため、お勧めしているのは、平時のうちから、債権回収のフローを策定して、それに必要な書式を整備しておくということです。

たとえば、債権者が債務者から分割弁済を受けていたものの、分割金の支払いが滞った場合、最初は「請求書」を送ると思います。それが無視された場合には少し表現を強めた「督促状」を送り、それでも無視されたら「通知書」を内容証明で送るといった感じで段階的に進めていくことになります。そしてこれらの「請求書」「督促状」「通知書」は事前に用意しておくことができます。債権の発生原因や、債務者に関する情報、金額、支払時期、請求の日付など個別に記載を変えなければならない点以外は定型文で構わないので、あらかじめ用意しておくことが可能です。また、それぞれの書類を送付するタイミングも、「請求書」を送って2週間何も返答がなければ「督促状」を送るとか、「督促状」を送ってさらに2週間何も返答がなければ「通知書」を送るとかあらかじめフローも定めておくとよいと思います。これら以外にも債務者との間で使用する「消費貸借契約書」「準金銭消費貸借契約書」「残高確認書」「商品の引き揚げ同意書」など、債権回収の現場で使用する書式はある程度限られていますので、それらの書式をまとめて整備しておくことがお勧めです。

〔巻末付録〕

債権回収でよく使う書式集

債権回収の現場は時間との戦いです。そのため、必要な書式を必要なつど揃えるのではなく、普段からあらかじめある程度の書式を揃えておいて、使用する必要がでてきたときに、すぐに提示できるようにしておくほうが望ましいと思います。そのような観点から債権回収の現場でよく使う書式集を用意しましたので、ご活用ください。もちろん書式に過ぎませんので、すべての案件でこのまま使用できるわけではありませんので、案件に応じたカスタマイズが必要になります。ただ、ある程度汎用性のある形で用意していますので、こちらの書式を活用して自社にあった形の書式の整備を進めていただけると幸いです。

【書式１】　督促状（売掛金の請求）

○○○○年○○月○○日

△△△△株式会社
代表取締役　△△△△　殿

△△市△△区○○丁目○○番○○号
電　話○○○（○○○）○○○○
ＦＡＸ○○○（○○○）○○○○

株式会社△△△△
代表取締役　△△△△　㊞

督　促　状

当社が、貴社に対して売り渡した商品に対する代金について、当社は貴社に対して○○○○年○○月○○日付「請求書」をお送りしておりますが、本日時点で貴社からの入金が確認できておりません。

当社の貴社に対する売掛金請求権の内容は下記の内容となっております。

NO	販売日	内容	数量	金額
1	○○○○年○○月○○日	△△△△	○○○○	○○○○
2	○○○○年○○月○○日	△△△△	○○○○	○○○○
3	○○○○年○○月○○日	△△△△	○○○○	○○○○
			合計	○○○○

つきましては、本年○○月○○日までに、上記合計欄に記載の○○○○円全額を下記の口座までお振込み下さいますようお願い致します。また、何かご事情により上記支払いが難しい場合には、

お話をお伺い致しますので、必ず当社宛に一度ご連絡を下さいますようお願い致します。

記

銀行名／支店名：△△△△銀行／△△△△支店

口座番号／口座名義：（普）△△△△△△△／カ）△△△△

以上

【書式２】 残高確認書（売掛金の請求）

○○○○年○○月○○日

△△△△株式会社

代表取締役　△△△△　殿

△△市△△区○○丁目○○番○○号

電　話○○○（○○○）○○○○

ＦＡＸ○○○（○○○）○○○○

株式会社△△△△

代表取締役　△△△△　㊞

売掛金残高確認書

貴社益々ご清栄のこととお慶び申し上げます。

また、平素は格段のお引き立てを賜り厚く御礼申し上げます。さて、ご多用中恐縮ではございますが、残高確認のほどお願い致します。つきましては、当社が、貴社に対して売り渡した商品に対する代金の現状についてご確認頂き、内容に相違がなければ押印のうえ○○○○年○○月○○日までに当社宛にFAX又は郵送にてご回答下さいますようお願い致します。また本件に関してご不明点等がございましたら、当社担当△△までお問い合わせ頂ければと存じます。

記

株式会社△△△△　御中

NO	販売日	内容	数量	金額
1	○○○○年○○月○○日	△△△△	○○○○	○○○○

2	○○○○年○○月○○日	△△△△	○○○○	○○○○
3	○○○○年○○月○○日	△△△△	○○○○	○○○○
			合計	○○○○

○○○○年○○月○○日現在の当社の貴社に対する債務が上記のとおりであることを確認致しました。

○○○○年○○月○○日

△△市△△区○○丁目○○番○○号

電　話○○○（○○○）○○○○

ＦＡＸ○○○（○○○）○○○○

△△△△株式会社

代表取締役　△△△△

以上

【書式３】 通知書（売掛金の請求）

通　知　書

前略

当社は、貴社に対し、以下のとおり通知致します。

ご存知のとおり、当社は貴社に対して、○○○○年○○月○○日付「△△契約書」に基づき○○○○年○○月○○日から○○○○年○○月○○日までの間に、当社商品△△を販売し、その結果、当社は貴社に対して金○○○万○○○○円（以下「本件金員」といいます）の売掛金請求権を有しております。

そして、本件金員に関して、当社は貴社に対して○○○○年○○月○○日付「請求書」を送付し貴社もこれを受領しておられますが、支払期日である本年○○月○○日を過ぎても貴社からの本件金員の支払いを確認することができておりません。

また、その後も当社は貴社に対して再三に亘り電話等により本件金員の支払いを請求して参りましたが、貴社は、本年○○月に入ってからは当社からの電話に対して応答すらしなくなりました。

かかる貴社の対応は、極めて不誠実なものであり誠に遺憾ではございますが、当社は、貴社に対して、本書面により改めて本件金員全額の支払いを請求させて頂きます。

つきましては、本書面到達後○○日以内に下記口座宛に本件金員全額を振込支払うよう要求致します（なお振込手数料は貴社にてご負担ください）。

記

銀行名　：△△△△銀行
支店名　：△△△△支店
口座種類：普通預金

口座番号：〇〇〇〇〇〇〇

口座名義：カ）△△△△

なお、もし上記期限内に貴社から本件金員全額の振込が確認できない場合又は誠意ある対応が見られない場合には、当社と致しましては、やむを得ず、貴社に対して然るべき法的措置を講じさせて頂かざるを得ませんので、その旨申し添えます。

草々

〇〇〇〇年〇〇月〇〇日

通知人　株式会社△△△△

△△市△△区〇〇丁目〇〇番〇〇号

電　話〇〇〇（〇〇〇）〇〇〇〇

ＦＡＸ〇〇〇（〇〇〇）〇〇〇〇

代表取締役　△△△△　㊞

被通知人　△△△△株式会社　御中

代表取締役　△△△△

△△市△△区〇〇丁目〇〇番〇〇号

【書式４】　相殺通知書（売掛金の請求）

○○○○年○○月○○日

株式会社△△△△

代表取締役　△△△△　殿

△△市△△区○○丁目○○番○○号

電　話○○○（○○○）○○○○

ＦＡＸ○○○（○○○）○○○○

△△△△株式会社

代表取締役　△△△△　㊞

相　殺　通　知　書

貴社からの○○○○年○○月○○日付「督促状」を拝見致しました。同書面によると貴社は当社に対して○○○○円（以下「貴社債権」といいます）を請求しておられますが、当社も貴社に対して△△△△を販売した代金の未払分として○○○○円の売掛金債権（以下「当社債権」といいます）を有しております。

そのため、当社は貴社に対して、本書面をもちまして、貴社債権と当社債権を対当額で相殺させて頂きますので、その旨、ご通知申し上げます。

なお、上記の相殺の結果、当社債権が残ることになりますので、当社は、本書により貴社に対して、本年○○月○○日までに下記の金銭を以下の口座まで振込支払うよう請求させて頂きます。

記

当社債権に対する未払金：○○○○円

【振込先】

銀行名／支店名：△△△△銀行／△△△△支店

口座番号／口座名義：（普）〇〇〇〇〇〇〇／△△△△カ）

以上

【書式5】 借用書（一括弁済）

借　用　証

貸主：＿＿＿＿＿＿＿＿殿

1　私は、本日、貴殿より金＿＿＿＿円を借り受けました。

2　つきましては上記金額を＿＿＿年＿＿月＿＿日までに、下記口座宛に振り込む方法又は現金を持参する方法により一括で支払います。なお、振り込む方法による場合には振込手数料は私が負担します。

記

銀行名（支店名）：＿＿＿＿＿＿＿＿（＿＿＿支店）

（口座種類）口座番号：（＿＿）＿＿＿＿＿＿＿＿

口座名義　　　：＿＿＿＿＿＿＿＿＿＿＿＿

＿＿＿年＿＿月＿＿日

借主：

住所＿＿＿＿＿＿＿＿＿＿＿＿

名前＿＿＿＿＿＿＿＿＿＿＿＿㊞

【書式６】 借用書（分割弁済）

借　用　証

貸主：＿＿＿＿＿＿＿＿＿＿殿

1　私は、本日、貴殿より金＿＿＿＿円を借り受けました。

2　つきましては、上記金額を、本年＿＿月から＿＿＿＿年＿＿月まで毎月末日限り金＿＿＿＿＿円（最終回は＿＿＿＿円）ずつ＿＿回に分割して、下記口座宛に振り込む方法又は現金を持参する方法により支払います。なお、振り込む方法による場合には振込手数料は私が負担します。

記

銀行名（支店名）：＿＿＿＿＿＿＿＿（＿＿＿＿支店）

（口座種類）口座番号：（＿＿）＿＿＿＿＿＿＿＿

口座名義　　　：＿＿＿＿＿＿＿＿＿＿＿＿

3　私に次の事由が一つでも生じた場合には、私は当然に期限の利益を失い、直ちに残金を一括で支払います。

(1)　支払の停止又は破産手続開始若しくは民事再生手続開始の申立てがあったとき

(2)　仮差押え、仮処分、強制執行又は滞納処分のあったとき

(3)　信用、資力の低下が疑われるとき

(4)　その他前各号に類する事情が生じた場合

＿＿＿＿年＿＿月＿＿日

巻末付録　債権回収でよく使う書式集

借主：

住所

名前　　　　　　　　　　　　　　　　㊞

【書式７】 債務弁済承諾契約書（残高確認用）

債務弁済承諾契約書

債権者＿＿＿＿＿＿＿＿＿＿＿＿＿（以下「甲」という）と
債務者＿＿＿＿＿＿＿＿＿＿＿＿＿（以下「乙」という）及び
乙の連帯保証人＿＿＿＿＿＿＿＿＿（以下「丙」という）は次の通り債務弁済承諾書契約書（以下「本契約」という）を取り交わす。

第１条　乙は甲に対し、＿＿＿年＿＿月＿＿日現在において、未払借入金＿＿＿＿＿円（以下「本件債務」という）が存することを認める。

第２条　乙は甲に対し、本件債務を別紙弁済計画表の条件で下記口座に送金して支払う。なお、振り込みに要する費用は乙の負担とする。

記

銀行名（支店名）：＿＿＿＿＿＿＿＿（　　　支店）
（口座種類）口座番号：（　　）＿＿＿＿＿＿＿＿
口座名義　　　　：＿＿＿＿＿＿＿＿＿＿＿＿

第３条　丙は、甲に対し、本契約書に基づき乙に生じるすべての債務について本件債務の額を限度として連帯して保証し、乙とともにその全額の支払義務を負う。

第４条　乙が第２条の分割金の支払いを１回でも怠ったときは、当然に期限の利益を失い、乙及び丙は、甲に対し、本件債務から既払い金を控除した残額及びこれに対する期限の利益を喪失した日の翌日から支払い済みまで年14.6%の割合による遅延損害金を直ちに支払う。

以上、本契約成立の証として本書3通を作成し、甲乙丙は、署名捺印のうえ、それぞれ1通を保有する。

　　　年　　月　　日

債権者（甲）　住所

　　　　　　　名前　　　　　　　　㊞

債務者（乙）　住所

　　　　　　　名前　　　　　　　　㊞

連帯保証人（丙）　住所

　　　　　　　名前　　　　　　　　㊞

別紙

弁 済 計 画 表

　　　年　　月　　日限り：　　　　　　　円

　　　年　　月　　日限り：　　　　　　　円

　　　年　　月　　日限り：　　　　　　　円

　　　年　　月　　日限り：　　　　　　　円

　　　年　　月　　日限り：　　　　　　　円

　　　年　　月　　日限り：　　　　　　　円

　　　年　　月　　日限り：　　　　　　　円

年　　月　　日限り：　　　　　　　　円
年　　月　　日限り：　　　　　　　　円
年　　月　　日限り：　　　　　　　　円
年　　月　　日限り：　　　　　　　　円
年　　月　　日限り：　　　　　　　　円
年　　月　　日限り：　　　　　　　　円
年　　月　　日限り：　　　　　　　　円
年　　月　　日限り：　　　　　　　　円
年　　月　　日限り：　　　　　　　　円
年　　月　　日限り：　　　　　　　　円
年　　月　　日限り：　　　　　　　　円
年　　月　　日限り：　　　　　　　　円
年　　月　　日限り：　　　　　　　　円
年　　月　　日限り：　　　　　　　　円
年　　月　　日限り：　　　　　　　　円

（以下余白）

【書式8】金銭準消費貸借契約書

金銭準消費貸借契約書

　　　　　　　　　　(以下「甲」という)と　　　　　　　　　　(以下「乙」という)及び連帯保証人　　　　　　　　　　(以下「丙」といい「乙」と総称して「乙ら」という)は、本日、以下のとおり合意し、金銭準消費貸借契約書(以下「本契約書」という)を締結する。

第1条　(本件未払債務の確認)

乙は、甲に対する　　　　　　に基づき、本日現在、金　　　　　万　　　　　円の債務(以下「本件未払債務」という)を負担していることを確認する。

第2条　(準消費貸借)

甲及び乙は、本日、乙の甲に対する本件未払債務を借入金とすることに合意し、甲は乙に対し、前条の金額を元本とする貸付債権を有するものとする(以下、本条に基づき乙が甲に負担する債務を「本件債務」という)。

第3条　(弁済方法)

乙は、本件債務を　　　　　年　　月から　　　　　年　　月までの　　　回に分割して、毎月末日限り、金　　　万円(最終回は　　　　　円)を甲の銀行口座(　　銀行　　支店(普)　　　　／　　　　　　　名義)に振り込み支払う。なお、振込手数料は乙の負担とする。

第4条　(期限の利益喪失)

乙が前条の分割金の支払いを怠ったとき又は本契約書の規定に違反した場合には、乙は、何らの通知、催告がなくとも当然に期限の利益を喪失する。

第５条　(遅延損害金)

前条により期限の利益を失ったときは、乙は甲に対し、本件債務の残額及びこれに対する期限の利益を喪失した日の翌日から支払済みまで年14.6％の遅延損害金を直ちに支払う。

第６条　(届出義務)

乙らは、甲に伝えている住所、連絡先等に変更が生じた場合には、当該事項が生じた後直ちに甲に対して通知しなければならない。

第７条　(連帯保証)

丙は、本契約書に基づき、乙が甲に対し負担する一切の債務について連帯して保証する。

第８条　(合意管轄)

甲及び乙らは、本契約書に関する訴訟その他の法的手続については、＿＿＿＿地方裁判所又は＿＿＿＿簡易裁判所を第一審の管轄裁判所とすることに合意する。

第９条　(清算条項)

甲及び乙らは、本契約書に定めるほか、甲と乙らとの間に何らの債権債務が存在しないことを相互に確認する。

本契約書の成立を証するため、本契約書の正本２通を作成し、甲乙丙署名押印のうえ、甲乙が正本各１通を保有し、丙は写し１通を保有する。

＿＿＿＿年＿＿月＿＿日

甲：(住所)

（氏名）＿＿＿＿＿＿＿＿＿＿＿＿＿＿＿＿＿＿印

乙：（住所）

（氏名）＿＿＿＿＿＿＿＿＿＿＿＿＿＿＿＿＿＿印

丙：（住所）

（氏名）＿＿＿＿＿＿＿＿＿＿＿＿＿＿＿＿＿＿印

【書式9】 代物弁済契約書

代物弁済契約書

債権者＿＿＿＿＿＿＿＿＿＿＿＿（以下「甲」という）と
債務者＿＿＿＿＿＿＿＿＿＿＿＿（以下「乙」という）は
以下の内容に合意し、代物弁済契約書（以下「本契約書」という）を取り交わす。

第1条　乙は甲に対し、＿＿＿＿年＿＿月＿＿日現在において、未払借入金＿＿＿＿＿＿円（以下「本件債務」という）が存することを認める。

第2条　乙は甲に対し、本件債務の代物弁済として、乙の所有する別紙不動産目録記載の不動産（以下「本物件」という）の所有権を甲に移転する。

第3条　乙は、前条の代物弁済契約を原因として、本物件について、所有権移転登記手続の申請を行うものとし、その費用はすべて乙が負担する。

以上、本契約成立の証として本書2編を作成し、甲乙は、署名捺印のうえ、それぞれ1通を保有する。

＿＿＿＿年＿＿月＿＿日

債権者（甲）　住所＿＿＿＿＿＿＿＿＿＿＿＿
　　　　　　　名前＿＿＿＿＿＿＿＿＿＿＿＿㊞

巻末付録
債権回収でよく使う書式集

債務者（乙）　住所＿＿＿＿＿＿＿＿＿＿

名前＿＿＿＿＿＿＿＿＿＿㊞

別紙

不動産目録

土地及び建物

1．所在　○○区○○町○丁目

地番　○番○

地目　宅地

地積　○○○○.○○平方メートル

2．所在　○○▲丁目○番地○

家屋番号　○○番○

種類　居宅

構造　鉄骨造2階建

床面積　1階　○○.○○平方メートル

2階　○○.○○平方メートル

（以下余白）

【書式10】 商品の引揚げ同意書

○○○○年○○月○○日

△△△△株式会社
代表取締役　△△△△　殿

△△市△△区○○丁目○○番○○号
電　話○○○（○○○）○○○○
FAX ○○○（○○○）○○○○

株式会社△△△△
代表取締役　△△△△　㊞

商品の引揚げ同意書

貴社益々ご清栄のこととお慶び申し上げます。

また、平素は格段のお引き立てを賜り厚く御礼申し上げます。さて、当社が、貴社に対して売り渡した商品に対する代金の支払いが支払期日を過ぎても確認できないままとなっております。つきましては、当社は、当社と貴社との間の○○○○年○○月○○日付「商品売買契約」を本日付で解除致します。つきましては、下記に押印のうえ、○○○○年○○月○○日までに当社宛にFAX又は郵送にてご返送頂くとともに、同契約に基づき当社が貴社に納品した以下の商品を返還して下さいますようお願い致します。

記

株式会社△△△△　御中

NO	販売日	内容	数量	金額
1	○○○○年○○月○○日	△△△△	○○○○	○○○○

2	○○○○年○○月○○日	△△△△	○○○○	○○○○
3	○○○○年○○月○○日	△△△△	○○○○	○○○○
			合計	○○○○

当社は、貴社が、当社との売買契約を解除したうえで、上記の商品を引き揚げることに同意致します。

○○○○年○○月○○日

△△市△△区○○丁目○○番○○号

電　話○○○（○○○）○○○○

ＦＡＸ○○○（○○○）○○○○

△△△△株式会社

代表取締役　△△△△　㊞

以上

おわりに

これまで債権回収の心掛けやノウハウや工夫について説明しました。でも、実は私の法律事務所でも債権を焦げ付かせることがあります。弁護士や法律事務所は債権回収の専門家なので、弁護士や法律事務所が債権を焦げ付かせると聞くと意外に思われる方も多いかもしれません。弁護士が焦げ付かせる債権は、依頼者からいただくべき、着手金や手数料や成功報酬などですが、苦労してトラブルや事件を解決してもこれらを支払っていただけないことがあるのです。

もちろん催促をしますし、請求もしますが、私自身は、裁判まですることはなく、ある程度時間がたったら諦めてしまいます。弁護士が自分自身の債権回収のトラブルを抱えること自体が恥だと感じていますし、債権回収の苦労は仕事を通じて嫌なほどわかっているので自分自身のことで同じ思いをしたくないと考えていますし、世の中のためになれたのだから必ず将来どこかで自分自身に回り回って返ってくるはずだと考えて自分を納得させるようにしています。その代わり、その方からの依頼は、今後、天地がひっくり返っても二度と受けることはありません。本文で説明したことからすると、このような甘さが債権を滞らせる原因の1つなのかもしれませんが、それでもよいのかなと考えながら日々の業務を黙々と行っています。

ただ、自分自身も債権の焦げ付きを抱える中で、同じような立場にある債権者の方の気持がわかるようになりましたし、日々、債権の焦げ付きを抑えるためのさまざまな工夫やノウハウを蓄積しています。本書で紹介した工夫やノウハウの中には、私の法律事務所での債権の滞りから得た経験や教訓に基づく工夫やノウハウもたくさん含まれています。

債権回収は感情と利害関係の坩堝（るつぼ）です。法律を駆使するだけでは満足のいく回収はできません。債務者の立場や状況、感情や心情をしっかりと把握したり、予想したりしながら、戦略的に、そして戦術を駆使して回収していく必要があります。その際には、時間の流れを意識したり、費用対効果や、時間対効果をしっかりと検討したりしながら進めていくことが重要です。

本書で紹介したノウハウやテクニックを参考に、債権回収の本質を見誤ることなく、日頃から債権の滞りを防ぐための工夫とノウハウを駆使していただき、本書を手にしたすべての方が１円でも多くの債権を、１秒でも早く回収されることを願っています。

〔著者略歴〕

奥 山 倫 行（おくやま　のりゆき）

アンビシャス総合法律事務所・弁護士

（経歴）

1993年3月	北海道立札幌南高等学校卒業
1998年3月	慶應義塾大学法学部法律学科卒業
2001年3月	慶應義塾大学大学院法学研究科修士課程修了
2001年4月	最高裁判所司法研修所入所（55期）
2002年10月	第二東京弁護士会登録 TMI 総合法律事務所入所（～2007年2月）
2007年4月	札幌弁護士会登録 アンビシャス総合法律事務所設立
2010年6月	株式会社 HVC（HVC, Inc.）監査役就任 （～2011年7月）
2011年8月	北海道ベンチャーキャピタル株式会社（旧 株式会社 HVC）監査役就任（～2019年6月）
2013年4月	医療法人社団一心会理事就任
2013年9月	札幌商工会議所相談員就任
2014年9月	エコモット株式会社監査役就任
2016年5月	北海道よろず支援拠点コーディネーター就任
2017年12月	株式会社 LEGALAID 代表取締役就任
2019年6月	北海道ベンチャーキャピタル株式会社社外取締役就任
2019年11月	株式会社 itakoto 社外取締役就任
2019年12月	五稜化薬株式会社社外監査役就任

〔重点取扱分野〕

起業／株式公開支援／知的財産／M&A／コンプライアンス／リスクマネジメント／不祥事対応／クレーム対応

〔著書一覧（民事法研究会刊）〕

・『弁護士に学ぶ！　交渉のゴールデンルール〔第２版〕』（2019年）211頁　2000円（税別）
・『弁護士に学ぶ！　契約書作成のゴールデンルール』（2016年）228頁　2100円（税別）
・『成功する！　M&Aのゴールデンルール』（2016年）216頁　2300円（税別）
・『弁護士に学ぶ！　クレーム対応のゴールデンルール』（2014年）232頁　1600円（税別）

〔事務所所在地〕

アンビシャス総合法律事務所
〒060-0042　北海道札幌市中央区大通西11丁目4-22
第２大通藤井ビル８階
TEL　011-210-7501（代表）
FAX　011-210-7502
URL　http://ambitious.gr.jp

著者略歴

弁護士に学ぶ！
債権回収のゴールデンルール〔第2版〕

2020年5月30日　第1刷発行

定価　本体2,500円＋税

著　者　奥山　倫行
発　行　株式会社　民事法研究会
印　刷　株式会社　太平印刷社

発行所　株式会社　民事法研究会
〒150-0013　東京都渋谷区恵比寿3-7-16
〔営業〕TEL03(5798)7257　FAX03(5798)7258
〔編集〕TEL03(5798)7277　FAX03(5798)7278
http:www.minjiho.com/　info@minjiho.com

落丁・乱丁はおとりかえします。ISBN978-4-86556-366-5 C2032 ￥2500E
カバーデザイン：袴田峯男